光文社知恵の森文庫

長倉顕太

親は100%間違っている

あなたの価値観を破壊する33のルール

光文社

本書は、電子書籍『親は100%間違っている』（2014年4月）、『世界観の創り方』（2014年5月）の2冊を元に、加筆修正・編集を加えて文庫化したものです。

まえがき

終わりの始まり

▼すべては破壊から始まる

ようこそ、新しい人生のスタートラインへ。
この本を手にとっているあなたは、

「同じ毎日の繰り返しに飽きたのかもしれない」
「親や家族との関係に悩んでいるのかもしれない」
「将来や現在の不安に押しつぶされそうなのかもしれない」
「友人、同僚などとの人間関係に問題を抱えているのかもしれない」

でも、安心して欲しい。

この本を手にとったということは、あなたは間違いなく、

新しい人生を始めることになる

からだ。

もしかしたら、少し怖いかもしれない。
もしかしたら、少し不安かもしれない。

なぜなら、あなたの、

過去からの延長線上の人生を終わりにする

からだ。

あなたはどこかで**「今までの人生を終わりにしなければ、この先、人生が良い方向に行かない」**ってことに気づいているはずだ。でも、そのことから目をそらしてきた。きっと、忙しい日常の中で見て見ぬフリをしてきた。

でも、もう終わらせよう。

安心して欲しい。

まったく怖くないから。

▼人生に革命を起こせ！

オレは今まで1000万部以上の本をプロデュースしてきた。その中には、脳科学、心理学の本もある。さらに、プロデューサーということで、大企業の社長とも仕事をするし、セミナーなんかを通して普通の人にも関わってきた。

そんなオレが言うんだから、間違いない。普通の人から成功者まで見てきて、関わってきたからだ。

だから断言できる。

今までのあなたの人生は、**親の価値観、学校の価値観、社会の価値観によってつくられた役を演じてきたにすぎない。**つまり、

あなたの人生ではない

ということだ。

だから、なんとなく違和感を抱いて生きてしまうのは当然だ。良い学校に入って、良い会社に入ってなんて価値観はとっくに崩壊しているのに、未《いま》だに信じているバカがたくさんいる。

でも、そんな価値観もすべて、親をはじめとする誰かに植えつけられてきただけ。あなたの価値観でも何でもない。

だからこそ、今すぐすべての価値観を破壊し、あなたの人生に革命を起こさなければならない。だって、

可能性は無限だけど、人生は有限

だからだ。そのことに早く気づいた人から、自分らしい人生を生きることができるようになる。

人生は有限だから、今までの価値観をぶっ壊す

ために、オレはこの本を書いたんだ。

■武器を手にとれ！

あなたの価値観は揺らぎ、人生に変化が表れて、

あなたの人生を手に入れる

ことになる。その先には、本当の意味で、

楽しい人生
素晴らしいパートナー
望んだ生活

が待っている。

そのためには、今までの価値観を破壊する必要がある。だから、まずは

否定から始まる

んだ。いや、

破壊から始まる

すべては、

ないのは、すべて価値観の問題だからだ。

ら、それを破壊する必要があるんだ。あなたが自分らしい人生を生きてい

さっきも書いたように、今までの人生は他人の価値観によるものだか

この本を読むことから始まる。

と、あえて言わせてもらう。

世の中は、「ほめる」とか「ポジティブシンキング」とか、やたら肯定することが良いような情報があふれているけど、**全部、嘘だ。**そんなんじゃ現実は何も変わらない。どんな物事も破壊がすべての始まりだから。

そして、あなた自身の価値観を手にして欲しい。

それが、あなたの武器になるわけだから。その武器を使って、人生を自由自在に生きていくんだ。

少し過激な内容だけど、日本みたいな生温い国で生まれ育ったオレたちには、もはや劇薬しか効かない！

さっそく、16ページから読み始めてくれ。

Contents

Contents

本文デザイン／宮崎貴宏

01

21世紀の奴隷解放宣言

良い子ぶってんじゃねえよ！

キレイゴト言ってんじゃねえよ！

それにしても時代の空気が変わってきたって感じない？

感じてるのはオレだけかもしんないけど。絶対、変わってるから。まあ、見てくれ。絶対、変わっていく。

だから、このチャンスを逃すなよ。っていうより、

「もう好き勝手やっていいんだよ」

って言いたい。

「もう好き勝手やっていいんだよ」

って強く言いたい！


いい？


なんかいろんなことに我慢しまくって、良い子演じたり、キレイゴト言って、自分をごまかしたりして得する時代は終わったの。

わかる？ もういいんだよ。繰り返すけど、時代は変わるんだよ。

だから、オレは奴隷《どれい》解放運動をやってるわけ。

じゃあ、それは何か？

それは、子供の頃に、親や社会によって奴隷のように育てられたオレたちを解放する運動なんだ。なんで、そんなことを言うのか。

だって、そうだろ？

みんな生まれてきたときは、自信満々なんだぜ。でも、いつの間にか飼いならされていくわけ。

「周りに迷惑かけないように」

「そんなことやってもうまくいかない」

「我慢すると良いことがある」

とかって言葉に騙《だま》されて、**いつの間にか自分を押し殺すことしかできない人間を大量生産しようとする社会。**

あなたはいつの間にか親や社会によって押しつけられた価値観に従って生きるようになってしまった。もしかしたら、

「私は違う」

って言う人もいるだろう。

なら今すぐ、これを読むのをやめよう。あなたに必要ないからね。

ここから、オレの「奴隷解放運動」ってのは何かを説明しよう！

簡単だ。単純だ。純粋だ。

あなたに自信を取り戻してもらう

ただ、それだけ。なぜか？

さっきも言った通り、生まれたときと同じように、自信満々でまっ裸になってもらう！ そうそのためにこの本で、いろんな価値観をあなたに投げつけるから。

オレの言葉であなたの価値観をぶっ壊したい。

言葉であなたをまる裸にしたい。オレたちは、

「知らないうちに、親や社会から服（価値観）を着させられてる」

ってことに気づいてもらいたいから、まる裸にしたい。

裸になって、はじめて自分の価値観や自分の感覚が戻ってくるから。

繰り返す。

裸になって、はじめて自分の価値観や自分の感覚が戻ってくるから。

ほんと、多くの人が厚着していることに気づいていないから。

だから、何も感じることができないし、何をやってもうまくいかないし、何をやってもモチベーションが上がらない。

一度、まる裸になることで、身体的な感覚が戻り、「本当の自分」が蘇《よみがえ》ってくる。そのときに感じるモチベーションこそが本物。そしたら、カラダは勝手に動くようになる。今までは、誰かに仕掛けられたモチベーションだからカラダが動かなかっただけ。

オレがやりたいことは、「仕掛けられる側」の解放ってこと。今まで騙されてきた連中を解放すること。オレは「今まで仕掛けてた側」から「今まで仕掛けられてた側」に権力を移動させようと思ってる。

だから、革命だと思ってる。「今まで仕掛けられてた側」にいた人ってのは、まさに奴隷。だから、奴隷解放運動なんだ。

きっと、あなたの心の中にも、自信満々なあなたがいるはず。その自信満々のあなたを解放するんだ。言葉の力で。

01 権力の移動が起こっていることに気づけ!

02

親は100%間違っている！

「親のために～する」とか、そういうのはあり得ない。でも、多くの人は「親は尊敬するもの」って洗脳されてしまっている。

もしかしたら、「私は洗脳なんかされてない」って言う人もいるかもしれないけど、洗脳されてるよ。

よく考えて欲しい。**だって、世の中には尊敬なんかできない親はいっぱいいるし、虐待する親とかもいっぱいいる。**子供に「お前なんかできない」とか言いまくってる親もいる。

そんな親がいる人に「親を尊敬しろ」って言うのは酷《こく》だよ。

もし、「洗脳なんかされてない」って言うなら、意外と恵まれた環境だったんじゃないかなって思うわけ。

まあ、いろいろ書いたけど、実は親を尊敬しようが、尊敬しまいが、どっちでもいい。

ほんとにどっちでもいい。それすらも自分で決めろってこと。

オレが言いたいのは、まずは、親の価値観から離れろってこと。でも、これって、本気で親のことを尊敬してたり、尊敬しなければならないって洗脳されてたら、なかなかできない。

だって、生まれたときからの洗脳だから。オレたちはたいてい生まれたときから、ずっと親の価値観の中で生きてきてるの。これは親がどうのこうのじゃなくて、しょうがないこと。どんなに素晴らしい親だとしても洗脳してる。素晴らしい価値観を洗脳してくれたってだけ。

でも、その価値観は所詮《しょせん》、親のもの。もし、そのままにしておいたら、あなたは親の価値観を持って生きることになる。

それが「ヤバい」って言ってるわけ。だから、なんでもいいから一度、親の価値観から離れたほうがいい。

その上で尊敬しようが、尊敬しまいがどうでもいい。それは、あなたが決めることだから。でも、オレはわかりやすく伝えたいから、

まずは、親から離れろ
親は間違ってる

って教えるわけ。

じゃないと、自分で自分の人生を創れないから。親の価値観っていうのは所詮、親が理解できる範囲だから。

言ってみれば、30年前の価値観だったりする。ネットなんかない時代の価値観。

オレが言いたいのは、親の洗脳を解かなければ何も始まらないってこと。

だから、親は間違ってるって一度、考えてみるといろんなものが見えてくるってこと。一度、離れてみて、それでも親の価値観を選択するのはいい。

でも、生まれたときから、何の疑問も持たずにどっぷりはヤバいってことだ。

簡単な例だと、

「親を喜ばせたいから、〇〇大学に入る」

とか、

「親を安心させたいから結婚する」とか。

なんでも親基準だと、結局はモチベーションとか上がらないから。なぜなら、所詮、他人に押しつけられたものばかりだから。夢すらも親に押しつけられたものだって人が多い。

だからオレは、まずは親の価値観から離れろって言いたいわけ。物理的に距離を置く。連絡もしない。実家に住んでるヤツは最悪だ。

02 親から離れなければ、一生「他人の人生」だ!

03

下着をベチョベチョに汚してやるよ

ほんとヤバい！ほんとヤバいって思うんだ！何がヤバいって？

「オレたちはいつの間にか正しいことをすることが良いこと」って洗脳されちまってる。正解、正論、正式……とか「正」って漢字がやたら目につく。

こんなの全部、人を苦しめる単語だ。

名前に「正」っていう漢字を書く人もいる。だから、オレたちは「正しいことは絶対」って価値観を植えつけられちまってる。これって、マジ怖い。

よく考えてみろよ。正しいか正しくないかなんて、人によって違ってなきゃいけないし、見方によって変わるもんだろ。でも、セミナーとかやってると、

「～は正しいですか？」

みたいな質問がやたら出てくる。

マジ、ビビった。オレなんか小さいときから、正しいなんていうことは疑ってたひねくれ者だから。いつも言ってるけど、戦争中なら人殺しも正しいってことになる。

つまりさ、立場によって何が正しいかなんて変わってくるってこと。だから、

絶対的に正しいなんてことはないんだ。

要するに、あなたが正しいと思えば正しいってだけなんだ。つまり、正しいかどうかは自分で決めること。でも、多くの人が「正しい」ってことに囚《とら》われてる。「正しいことをしなさい」って、バカな親たちに教育されるからね。マジやばい。何がヤバいって、この「正しい」ってのは誰かにとっての正しいだから。つまり、

正しいことをするってのは、誰かのために生きるってことなんだ。
正しいことをするってのは、他人のつくったレールに乗るってことなんだ。
正しいことをするってのは、他人の人生を生きるってことなんだ。

だから、世の中における「正しいこと」は全部すんなってこと。
まず、そこから始まるんだ。あなたが正しいと思えば正しい。ただそれだけ。

わかったか？

正しいとか、正しくないとかで決めちゃいけない。
正しいとか、正しくないとかで生きちゃいけない。

わかる？

正しいとか、正しくないとかで決めちゃいけない。
正しいとか、正しくないとかで生きちゃいけない。

じゃあ、どうするか？

好き嫌いで決めるんだ。
好き嫌いで生きるんだ。

マジだぜ。これだけでいいんだよ。

好き嫌いで決めるんだよ。
好き嫌いで生きるんだよ。

でも、ここで問題が起こるんだ。それは、あなたは好き嫌いがわからないってこと。どういう意味かわかる？

あなたは親や教師や友だちや同僚など、周りにいる人にあらゆる「価値観」の服を着せられているわけ。生まれてから、いろんな価値観を着せられてるわけ。だから、まずはその服を全部脱がなきゃいけないって言ってんだよ。裸にならなきゃ、自分の感覚なんて取り戻せない。

だから下着までベチョベチョにしてやるって言ってんだ。あらゆる価値観を投げつけて、着ていられないくらいベチョベチョにしてやるんだ。この本を通じて、あなたの価値観を破壊するから。

オレの仕事は、この世に汚物をまき散らすことだと思ってる。

多くの自己啓発のスピーカーや著者たちは、実はあなたにもう一枚服を着させようとする。だから「価値観を変えろ」みたいな教え方をするんだ。それって、ただの洗脳。フォロワーをつくりたいだけ。だから、同じセミナーに20回とか行くバカがいる。でも、オレは違う。

オレはいつも「**オレの言うことは聞かないでくれ。自分で感じろ**」って言う。

オレがやるのは、着てるのがイヤになるくらい服をベチョベチョにすること。そうすれば、自分から脱ぎたくなる。脱がされるんじゃなくて、自分から脱ぐ。

だから、いいんだ。

03 正しいかではなく、好き嫌いで生きるんだよ

04
クレイジートレインから飛び降りろ！

オレたちはレールに乗ることを強《し》いられる世の中で生きている。たとえば、中学出て、高校出て、大学出て、就職して……とか。

そういうレールに乗ることが人生だと思い込まされてる。

でもさ、オレは、「それって誰がつくったもの？」って思うわけよ。だって、そうだろ？ それって、他人だよ。それって、親だよ。それって、社会だよ。

そういう他人がつくったレールだよ。なんで自分の人生なのに、他人のつくったレールに乗りたがるんだよ。クレイジーだぜ。頭おかしいよ。

大学生のアンケートで、「絶対に就職したい」が70％、「できれば就職したい」が27％って結果が出てるって話もある。

マジ、ヤバいから。マジ、怖いから。マジ、クレイジーだから。

97％の人間が同じレールに乗ろうとしてる。

これだけ多量の情報があるのに、それを見ないで生きている。

「なんでだろ？」って、オレは思うわけ。オレはビジネス書の出版業界でそれなりに結果を出してきたおかげで、いろんな人に出会ってきた。

カリスマ経営者、音楽プロデューサー、ネット起業家、教育関係者、金融関係者、医療関係者……。結局、成功している人は、みんなレールを外れた人間ばかり。なのに、みんなレールに乗ろうとする。まじクレイジー。

じゃあ、なんでこんなクレイジーなことになるのか。

それは、日本の教育が選択肢の教育だから。

もう一回言うぜ。

日本の教育が選択肢の教育だから。

だって、そうでしょ。選択式の問題のほうが多いんだよ。オレたちは、選択肢から正解を選ぶ。

選択肢の中に必ず正解があるって洗脳されてるわけ。わかる？

繰り返すけど、選択肢の中に必ず正解があるって洗脳されてるわけ。

マジでオレたちは洗脳されてる。だから、多くの人は、どこかに正解があると思って、正解を探してばかりいるわけ。

だから、多くの人は、「自分探し」や「ノウハウ探し」ばかりしている。いつも言ってるけど、正解なんてどこにもないから。

正解なんてどこにもないから。

あえて言えば、あなたが正解をつくればいいだけ。あなた自身が正解なんだ。そのあなたを世の中に認めさせればいいだけ。

世の中が1+1=2でも、あなたは1+1=100でいい。そのあなたの1+1=100の世界を認めさせればいいだけ。

それが自分の人生を生きるということ。

にもかかわらず、オレたちは選択肢洗脳の中で、自分の人生を生きることを奪われているんだ。そんでもって、レールに乗ったら最後、何も見えなくなるわけ。情報が見えなくなるんだ。明らかにおかしいことすら、おかしいと思えなくなる。ブラック企業にいながら、辞めない人もそうだろう。おかしいとわかっていても、「他に仕事はないんじゃないか」と思い込んで辞めないという選択肢を選んでしまう。

仕事なんていっぱいあるよ。**働かなくたって生きていけるよ。**だって、日本って国は生活保護とかで十分暮らせるんだぜ。にもかかわらず、多くの人間は我慢してしまう。

行きたくない学校に行き、行きたくない会社に行く。そして、それしかないって思ってる。マジ、クレイジーだ。

クレイジートレインに乗ったら、もう窓の外は見られない。窓の外が見えないように、窓は塞《ふさ》がれてるわけ。クレイジートレインに乗り続けたら、心は壊れていく。

マジ、クレイジーだ。

だから、

「今すぐレールを飛び降りろ」

って言ってるんだ。

だから、

「今すぐクレイジートレインから飛び降りろ」

って言ってるんだ。クレイジートレインに乗っている限り、何も見えなくなる。クレイジートレインに乗っている限り、何も考えられなくなる。クレイジートレインに乗っている限り、他人が用意した人生を生きることになる。それでいいの?

ほんと、心が壊れちゃうよ。だから、オレは、クレイジートレインから降りる勇気を与えたい。クレイジートレインから降りた人を応援したい。

クレイジートレインから降りて活躍してる人を広めたいわけ。

そうすれば、みんなが、好き勝手生きていいんだ。我慢しなくていいんだ。自分が正解なんだって思えるようになるから。

もちろん、一人じゃできないから、みんなに力を貸して欲しい。よろしく。

04 選択肢の中に正解はない

05

あなたは「なんとなく」死んでいる！

最近、いろんな人と対話したりしてて思うのが「なんとなく」が一番ヤバいってこと。

「なんとなく」それなりの学校行って、「なんとなく」それなりの会社入って、「なんとなく」それなりの給料もらって、って人がマジやばい。「なんとなく」選んでるんじゃなくて、「なんとなく」流されてるって感じ。

はっきり言って、思いっきり挫折《ざせつ》してたり、思いっきりバカだったり、思いっきり遊んでたりしてきた人のほうがよほどラッキーだって思うよ。

だってそうでしょ？ そういう人ってのは、今の世の中では生きづらいから。生きづらいってことは何か感じて生きてるってことだから。

何か感じてるってことは、感情があるってことだから。でもさ、多くの人が「なんとなく」で生きている。これって怖いことだぜ。

だって、死んでるって意味だと思うんだ。日本って国は、「なんとなく」で生きていける。

だから、オレたちはほうっておくと「なんとなく」で生きていく。

もう一度言うよ。オレたちはほうっておくと「なんとなく」で生きていく。

そりゃそうでしょ。生命にとっては何の変化もなく生きていくのが最善の道。

だから、「なんとなく」生きていける環境にいれば、当然、「なんとなく」生きていくことになる。

「なんとなく」生きている環境にいれば、「なんとなく」生きていくようになる。

これは生命だから仕方のないこと。でも、これってヤバいよ。

さっきも言ったけど、これは死んでるに等しい。生きてないってことだよ。

いつもセミナーなんかで話すんだけど、「日本は豊かすぎて餓死《がし》の恐怖もない」「日本は平和すぎて戦争の恐怖もない」から、オレたちは「死」を意識することなく生きてしまう。でもさ、よく考えてみろよ。

「死」を意識してないってことは、
「生」も意識できてないってことじゃないのか。

もう一度言うぜ。

「死」を意識してないってことは、
「生」も意識できてないってことじゃないのか。

だから、オレたちの多くは、一生懸命生きれない。「生」を感じてないんだから。

つまり、オレたちは、

「なんとなく」生きてるんじゃなくて、
「なんとなく」死んでるんだよ。

そう、オレたちは「個」としては死んでるんじゃないか。っていうか、日本という生命にとって最高の環境は、人間としての「個」にとっては最悪な環境なんじゃないか。

だって、生きるために必死になることを奪われてんだから。でも、オレたちは生きていかなきゃいけない。

もはや、オレたちは生きる意味を持たない。生きるために生きるのが本来の生命のあり方だったから。でも、生命としての生きる意味はないけど、「個」として生きる意味を見出して欲しい。じゃなきゃ、どうしたらいいかわからない。

だから、ヤル気のない連中ばかりなんだよ。この国は。だから、オレは「好き勝手やれ」って言ってる。こんな最高の環境に生まれたんだから、好き勝手やってやろうぜってね。

05 死を意識しなければ、生きることにならない

06

「自由」と「責任」は無関係

この世にはインチキなことが、平然とまかり通ってたりする。よくよく考えてみると、おかしいことが常識になっていたり。

「自由には責任がともなう」って言葉なんかひどいよ。これって、「好き勝手やったら、痛い目にあうぞ」って意味だぜ。

冗談じゃねえっての。好き勝手やって何が悪いんだよ。

好き勝手やろうが、やるまいが、結局、責任は自分の人生にかかってくるんだ。

自分で決めようが、他人が決めようが、
全部、あなたの人生に降りかかってくるんだぜ。

「自由には責任がともなう」なんてクソな言葉。

オレたちを奴隷にするための言葉。

権力者たちがオレたちに言うことを聞かせるために広めた言葉。

こんな言葉は腐るほどある。そんな中でオレが取り上げたいのが、「バランス」って言葉だ。

「バランス」って結構良い意味で使われるよね？

「バランス良く○○○しましょう」みたいにね。

だからオレたちは、何もかも「バランスが良いこと」が良いと思い込まされてるわけ。でも、これってインチキだぜ。

たとえば、学校の成績で考えてみろよ。全部、真ん中辺の人間ってヤバくないか？

なんでもないってことでしょ。つまんない人間ってことでしょ。っていうか、学生時代のオレがまさにそうだったわけ。何もかも平均みたいな。

だから、そんな自分が大嫌いだった。**絶望的に普通**だったわけだから。何か人と違うことをしなきゃと必死だった。だから、10歳のときから洋楽のロックを聴き始めた。中学からギャンブルをやり始めた。

バランスが良いっていうのは、なんでもないヤツってことなんだ。でも、オレたちはバランスをとることがいいことだと洗脳される。「バランス」ってついた言葉は、良い印象を与える。

たとえば、「ワークライフバランス」なんてそう。あんなのクソだから。なんでこんなことになっちまったかというと、完全に学校教育のせい。

オレはいつも学校教育のせいにしてるから、またかと思われるかもしれないがしょうがない。だって、そうだもん。

だって、そうだろ？

だって、そう思わないか？

結局、学校でやってることは、平均的な人間をつくることだよ。

すべてがそこそこできるような人間をつくることを目指してる。そんな人間いるわけないのに。何かが極端にできないだけで、ダメな子供とレッテルを貼られる。そうやって、オレたちから自信を奪っていくわけ。

だって、生まれたときは、自信満々なはずだろ。でも、大人になるにつれて、多くの人が自信を奪われる。それは、こういう教育のせい。

日本の教育は、平均的なロボットをつくりたいだけ。そんなロボットだらけのほうが、支配しやすいからね。ロボットは文句言わないから。ロボットは自分で何も考えないから。

そして、ロボット化されたオレたちは何も考えない人間になる。何も疑問を持たない人間になる。

「言われたことをやるだけ」「言われたことを信じるだけ」ってわけだ。

子供の頃からそういう教育を受けてきたから、なんでもかんでも他人のせいにしようって思考が働く。だって、ロボットなんだから。自分で考えないんだから。

そんな人間ばかりだから、リーダーが生まれないんだよ。いつも指示待ち。ロボットだから当然だよ。

だから、会社では誰も何も決めない会議ばかり。東日本大震災が起きたって誰もリーダーシップを発揮しない。

そんなのばっかだぜ。この国は。

そもそも、バランスが良いヤツなんか気持ち悪いんだよ。そう思わないか。気持ち悪い。それって、人間じゃないよ。本来、オレたちはバランスを欠いて生まれてきたはず。

それぞれが得意なこと、不得意なことを持って生まれてくる。学校の勉強が得意なヤツもいれば、音楽が得意なヤツもいるだろう。でも、オレたちは強制的にバランスをとらされてきた。ほんと最悪だよ。

だって学生時代なんて、人間の可能性のほんの一部である勉強っていう分野だけで、人間の価値をはかるんだから。ほんと最悪だよ。そう思うだろ?

やりたくないことはやらなくていいんだよ。マジで。

イヤな仕事なら今すぐ辞めろ。少しは「バランス」って言葉が嫌いになったかい? 早く嫌いになれよ。ほんとこれって重要なんだぜ。

だって、「バランス」って言葉が良いと思ってるうちは、バランスをとることができるって思っちゃうから。

でも、実際は不可能なんだよ。人にはそれぞれ向き不向きってのがあるわけ。

今の会社で成果が上げられないからって、
自分はダメだなんて思うことないわけ。
今の環境で自信が持てなくても、

自分はダメだなんて思うことないわけ。

多くの人は今の環境に合っていないだけで、自信を失っている。いや、その環境の人に自信を奪われてるって言ったほうがいいな。

必ずあなたに合った場所はあるわけ。

オレだって、たまたま拾われた出版業界がたまたま合ってたから、圧倒的な結果を出すことができただけ。

何が言いたいかっていうと、オレはたまたま出版業界が合っていただけで、他の業界なら絶対に結果を出せなかったと思う。

そんなオレでもどうにかなるんだから。もう一度言うけど、今の会社で結果が出ないからって、自分がダメだなんて思うことないわけ。今の環境で自信が持てなくても、自分がダメだなんて思うことない。

必ず「合う場所」は見つかる。

いや、自ら「合う場所」をつくるんだ。

そして、それができるようになったから、オレが革命って言ってんの。それは、誰もが情報発信ができるようになったからなんだ。結局、オレが教えているのは、そういうこと。あなたに合った場所をつくること。

絶対にあなたに合った場所はあるから。そして、そこには素晴らしい仲間がいるから。だから、諦めないで欲しい。必ずつくらせてやるから。

06 合わない場所からいち早く脱出せよ！

Q7 主人と奴隷の関係を逆転させる!

もしも、あなたが、

「クリスマスは恋人といたい」
「良い学校に入るほうがいい」
「マイホームが欲しい」
「結婚したい」
「毎月貯金をしている」
「親を喜ばせたい」
「正社員じゃないとダメだ」
「大きい会社に入るほうがいい」
「年収1000万円はすごい」

なんて思っていたら、相当ヤバい。
はっきり言って、これらはオレたちの人生にとって、本当にどうでもいいこと。

なんで、クリスマスを世の中で盛り上げるか？
そう、ビジネスなんだよ。だから、東京のホテルは満室になったり。だって、みんながみんなキリスト教でもないでしょ。ハロウィンなんてもっとどうでもいい。

こうやって世の中にはいろんなワナが仕掛けてあることを知って欲しい。ワナなんだ。別にクリスマスを楽しむなって言っているわけじゃない。

世の中はそういうものだって目を持って欲しいってこと。すべて資本主義が支配している。だから、全部ビジネス。そういう視点を持つことは重要だ。

人は「仕掛ける側」と「仕掛けられる側」に分かれる。

そして、人生は「仕掛ける側」にならないと、自分の人生なんて生きられない。

でも、多くの人は「仕掛けられる側」で死んでいく。

もっと恐ろしいのは、そのことにすら気づいていないってこと。

学校や会社の話も同じ。学校の勉強なんて社会に出たら、クソの役にも立たない。会社なんて、よほど良い上司に恵まれない限り、最悪。

ここでもオレが言いたいのは、学校とか会社が全部ダメということじゃない。別にどっちでもいいってこと。

オレが言いたいのは、

「恋人がいなくても自信を失うことはない」
「勉強ができなくても自信を失うことはない」
「会社で仕事ができなくても自信を失うことはない」
「給料が安くても自信を失うことはない」
「親を喜ばせることができなくても自信を失うことはない」

ってこと。多くの人が社会や親が仕掛けてくるワナのせいで、自信を失ってしまっている。自信を失っているから、自分の判断で人生を決めることができない。

そうすると、このワナにさらにはまっていくことになる。

「仕掛ける側」の思うツボだ。オレが思うに、多くの人がこういう状態。つまり、あなたの今までは「仕掛けられる側」の人生だったってこと。もしかしたら、あなたは、「私は違う」と言うかもしれない。

でも、オレは信じない。あなたもこのループにはまっているはずだ。

たとえば、あなたが「余命1か月」と宣告されたとしても、今と同じ生活を続けるなら「仕掛ける側」の人生だろう。でも、もし違うなら「仕掛けられる側」の人生だ。

オレは仕事をやりたくて仕方がない。今やっていることが楽しくてたまらない。もしも、余命1か月と宣告されても、同じ生活をする自信がある。

だから、みんなにもそうなってもらいたいと思ってる。ほんとに何もできなかったオレでもできたんだから。

だから、もう一度言う。

人生は「仕掛ける側」にならないと、

自分の人生なんて生きられない。

でも、多くの人は「仕掛けられる側」になっている。

オレがこのことを話すとき、靴にたとえる。

そう、あなたは足に合わない靴を履《は》かされている可能性が高い。

それは、親や社会によってつくられた靴を強制的に履かされている状態。だから、モチベーションが上がらなかったり、病気になったり、物事がうまくいかない。

足に合わない靴を履いているから、うまく前に進めないのと同じ。そんな靴を履いている状態じゃ、モチベーションも上がるわけない。

足に合わない靴を履いてたら、人生という道を全力疾走《しっそう》できないよ。それどころかしびれて、何も感じなくなっていく。感情もなくなっていく。

そうやって不感症になっていく。

親や社会が選んだ道をいつの間にか走らされてしまっているわけ。踏んだり蹴ったりでしょ。でも、世の中なんてこんなもん。

だから、思いっきり靴を脱いで、全力疾走しようよって言ってるわけ！

そのことを一緒に考えようって言ってるわけ！

だから、まずは靴を脱ごう。そのための方法はいくらでもあるんだから！

07 今は誰もが「仕掛ける側」になれる！

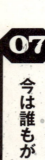

08

卒アルを捨てろ！

セミナーに来てくれた人と真剣に向き合うことで感じたことがあった。それは結局、多くの人が自信を奪われすぎて動けなくなっているということ。そして多くの人が、周りに限界をつくらされているということ。

だから、あなたから自信を奪うものすべてを抹殺しなくてはいけない。繰り返す。あなたから自信を奪うものすべてを抹殺《まっさつ》しなくてはいけない。

だって、そうだろ？

あなたから人生において一番大切な「自信」を奪うんだから。だから、オレは「過去を捨てろ」って言う。

そう、過去を捨てるんだ。あなたから自信を奪ってきた過去を捨てるんだ。物理的に。いろんな形で。

だから、オレはセミナーで、「ケータイの連絡先」「フェイスブックの友だち」「ツイッターのフォロワー」「資格」「卒業アルバム」「服」「昔の写真」「実家」「年齢」を捨てろって言った。だって、そうだろ？

自信を奪ってきたものを捨ててしまえばいい。まっさらになって、未来についてだけ考えればいい。じゃなきゃ、いつまでたっても過去に縛られた発想しか持てない。

過去の延長のままでは絶対に人生は変わらない！

だからオレが特にオススメしているのは引っ越しだ。全部捨てられるだろ？服も家具も全部だ。

すげえ遠くに行くなら人間関係も捨てられる！こんなに良いことはない。だから、今すぐ引っ越すことを勧める。人生を大きく変えたいなら。

これはマジだ。結局、多くの人が今のままでも生きていける。そこそこの生活はできる。だから、結局は動かない。オレは人生をどんどんリフレッシュさせたいから、この10年間で10回は引っ越した。

「人生を変えたい」と言うだけでは、実際は何も変わらない。

いいか。強靭《きょうじん》な精神力を持たないオレたちみたいな凡人は、環境にフォーカスするしかないんだ。そう、**自分を変えるのではなく、環境を変えるんだ。**これしかないんだ。

そしてもう一つのオススメは、金を全部使っちまうこと。結局、貯金がある限り、人は今の生活を守ろうとする。だから、動けない。

よくあるのは、会社を辞めた人間が「3か月分の貯金があるから大丈夫」と言って、すぐに動かないパターン。でも、貯金がなかったら、すぐに金を稼《かせ》ぐ必要が出てくる。だから、必死になるんだ。だから、成長するんだ。だから、アイデアが湧くんだ。

いい？ 金がなければ、やるしかない。そう、そこで初めて「覚悟」が生まれる！

そして、人生では「覚悟」を決めた人に天使が現れる！

オレのセミナーに参加した人が「パソコンと卒業アルバムを破いて捨てたあとに、未だかつてない大型案件の話がきた」とメッセージをくれた。

覚悟を決めた瞬間から人生は良い方向に動き出すんだ！

オレは多くの人を見て、この現象を見てきた。

覚悟を決めた瞬間から人生は良い方向に動き出す！

オレだって独立するって決めたとき、マジで不安だったから。

もちろん、人によっては「長倉さんは、実積あるから余裕ですよ」なんて言ってくれた。でもさ、オレ自身は全然不安だったから。

でも、覚悟を決めたら本当に天使が現れた！

そう、辞めるって覚悟決めたら天使が現れたわけ。それは、たくさんの天使が現れた。それは、仕事のパートナーだったり、そうじゃなかったり。

ほんとにほんとに、「人生って捨てたもんじゃない」って思えるときがきたわけだ。マジで、いろんな天使が現れたぜ。もし、これを読んでるあなたが「私には天使なんて現れてない」なんて言うなら、覚悟が足りないからだ。マジだぜ。

何度でも言ってやるよ。

「あなたの覚悟は足りない」

「あなたは覚悟なんてしてない」

もう一回言ってやるよ。

「あなたの覚悟は足りない」

「あなたは覚悟なんてしてない」

やっぱ、オレは、
「本を売るためなら人も殺す」
「仕事ができなくなったら死ぬ」
って覚悟してるぜ。
マジで。覚悟してる。
そう、覚悟したら、天使が現れた。そしたら、やりたいことが次々に現れた。
いい?
覚悟を決めれば、あとは勝手に扉が開いていく。いや、違うな。
覚悟を決めれば、天使が勝手に扉を開いてくれるって感じだな。
人生なんて、そんなもん。
それ以下でもそれ以上でもない。
いい?
覚悟を決めれば、天使が勝手に扉を開いてくれる。
人生なんて、そんなもん。

それ以下でもそれ以上でもない。

だから、「人生って捨てたもんじゃない」って言ってんだよ。

そもそも、人生に何が起きたってよくないか。

もし、自分勝手にやったことなら。オレはそう思ってるよ。破滅したっていいってね。何人も道連れにしてね。

だって、オレはオレでしかないから。

きっと、オレに影響を受けて行動している人は**「お前、頭おかしくなったんじゃないか？」**って、周りに言われていることだろう。

ほんと、それっていいことだからな。自信を持っていい。

そんなこと言うヤツらは、みんな大したことないだろう。

そいつらみたいになりたいか？

なりたくねえだろ？

だったら、**「お前、頭おかしくなったんじゃないか？」**って言われないとダメだから。

それで、そういうこと言うヤツに「ざまあみろ、バカ!」って言ってやるんだよ。

「生き様」を見せつけてやれ!
徹底的に自分勝手に生きてやれ!
迷惑かけてやれ!
破滅したっていいじゃないか。

08 「頭がおかしくなった」と言われよう

09 まずはケツを掘られろ

ほんと、多くの人を見てきて思うのは、いい加減、「答え探しの旅」をやめろってこと。マジだぜ。顔見てるだけで、「ほんと、しっかりしろよ」って言いたくなる。

ほんと大きなお世話だろうけど、泣きそうになるんだよ。ある50歳のおっさんに**「お前、セミナーなんて出ないでいいから、インド行け」**って真剣に話した。マジだぜ。このおっさんは自分の感情すら持ってないわけ。

好き、とか、嫌い、とか、楽しい、すらないわけ。それじゃあ、やりたいことなんて見つからない。長年、自分の感情を押し殺して生きてきたから、感覚が麻《ま》痺《ひ》してしまってる。

完全な不感症。

だから、オレは「インド行け」って言ったわけ。その先に何があるかわからんが、オレはそう思ったわけ。真剣に。

ほんと、セミナーに出たり、本を読んだりで「答え探しの旅」をしてるヤツが多いってこと。はっきり言って、オレも悪かった。謝るしかない。そういうものを売ってきたから。よかれと思って売ってきたから。

だから、あえて言う、「スキルや資格を教えるものはすべてムダだ」と。ムダという語弊《ごへい》があるが、人生を劇的に変えるものではないってこと。

オレたちは日本の教育システムである「すでに存在する答えを早く探し当てる」という教育に洗脳されていて、そこから抜け出せないでいるわけ。マジやばいぜ？　そりゃあ、そうだろ。

「答えはどこかにある」と洗脳されてんだから、自分で創造することを教えられてないんだから。

自分で感じることも、自分で考えることも、自分で答えをつくり出すことも、全部できなくされちまったんだ。でも、人生にもビジネスにも「答え」なんかないわけ。

あるとしたら、あくまでも過去問の答え。だから、まったく使えない。

だから、オレはこの教育システムを「情弱量産システム」と言ってる。「情報弱者」を量産するシステムだ。

情報弱者をネットで調べると、「情報を得ることが不得手な人」的な表現が出てると思うが、オレが意味するのはそういうことじゃない。

オレが意味するのは、

情報を得ることができても、その本質が見えない人
情報を得ることができても、自分で読みたいように読む人

って感じかな。

簡単に言うと、騙されやすい人ってこと。わかる？ 騙されやすい人って意味。マジやばいんだよ。多すぎなんだよ。でも、しょうがないよ。日本の教育システムがそうなんだから。でも、そろそろやめようぜ。

いい？ ネット起業家とかセミナー屋はみんな言う。「情弱から金をまきあげよう」ってね。みんな「情弱」って使ってんだぜ。詐欺師たちは「情弱」を狙ってんだぜ。お前らバカにされてんだぜ。なんでそうなっちまったのか？

簡単だよ。「自分探しの旅」をしてるからだよ。

「答え探し」してるから、詐欺師たちが提示する「答え」に飛びついちまうわけ。

マジ、ヤバいぜ。わかる？「答え探し」してるから、詐欺師たちが提示する「答え」に飛びついちまうわけ。でも、オレは詐欺師を否定するつもりはない。だって、詐欺師だって生活あるだろ？　家族がいるかもしれないし。っていうか、一番笑えるのが詐欺師がボランティアしてたり。まあ、何が言いたいかっていうと、騙されるヤツが悪い。ただそれだけ。

とくに、オレが面白いなって思うのは、高学歴なヤツほど情弱になりやすいってこと。よくよく考えてみると当然で、高学歴なヤツは「答え探し」がうまかったわけで、そういう自分がアイデンティティーなんだから「答え探し」から抜けられないわけ。

だって、「答え探し」がうまい自分を否定することになるんだから。

だから、高学歴なヤツほど、重度の情報弱者が多い。これほんと。

結局さ、**「答え探し」じゃなくて「答え創り」をしろ**ってこと。答えを創るっていうか、「オレが答えだ」って言い切れるかだ。「答え」を与えてもらうんじゃなくて、「答え」を創る。つまり「価値」を創り出すということ。「価値」をもらおうとするなってこと。

「価値」をもらおうとするから、詐欺師に騙されるわけ。

じゃあ、どうすればいいか。自分勝手に生きればいい。好き勝手に生きればいい。他人の価値に合わせなければいい。でも、問題がある。

オレたちは「好き」も「嫌い」もわからないくらい感覚が麻痺してしまっているということ。だから、まずは感覚を取り戻す必要があるわけ。

そのためにやることは、自分を想定外にもっていくこと。「初体験」をたくさんしろってこと。同じ毎日の繰り返しなら、そんな明日なら、今死んだほうがまし。だから、繰り返しはやめる。

ある業界人が言っていたが、「男ならケツを掘られろ!」と。オレはやりたくないが、マジでそう思う。それくらいのインパクトが必要なんだ。感覚を取り戻すためにも。自分を想定外に連れて行くんだ。

09

「答え探し」じゃなくて「答え創り」をしろ！

10 目標を持つから奴隷になる

出版社を辞めて独立してから多くのセミナー参加者と対話し、感じている。出版社時代も多くのセミナー参加者を見てきた。でも、感じるまでにはいたらなかった。

きっと、オレの中で、「この人たちはお客さんで、オレの人生には何の関係もない」って思ってきたんだろう。ほんと、最悪だ。

だから、自分が成功もしていないのに、「わかりやすく、甘い言葉だらけの本やセミナー」をプロデュースしてきたんだろう。

そのときは、「本やセミナーはあくまでもきっかけだから」なんて、言い訳しながら。もちろん、そのときは一生懸命だったし、著者の人たちは良いものをつくってくれてた。

それは間違いない。でも、オレの売り方は甘い言葉で情報弱者を釣っていただけ。もちろん、オレがつくった本で人生を変えた人も多くいた。これは事実。

でも、全員は変わっていない。もちろん、全員なんて変えられないかもしれない。

でも、全員変えるつもりでつくったり、考えたりしないとダメじゃね？

だって、目の前に人がいるんだから。だから、オレはこの数年間、セミナーやりまくって良かったって思ってる。マジ、多くの人に出会えたからね。直接、感じることができた。


オレ自身、まだまだだけど、今までとやり方を変えなければいけないってことには気づけた。それで思うのは、**昔ながらの自己啓発なんか意味ない**ってこと。

だって、昔ながらの自己啓発って、成功者が成功した後に書いたものなわけでしょ。リアリティないよ。だって、もう時代が違うんだ。モノが余りまくってる時代だし。インターネットがある時代だし。

たしかに、成功したヤツが書いたことなんだから、納得できる内容だよ。頭では納得できるよ。でも、できないっつーの。できたら誰も苦労しない。


いい？ 頭でわかってるけど、**できないっつーの。**

できないもんだから、真面目なオレたちは自信を失う。でも、安心しろ。自信を失う必要ないから、安心しろ。

紙に目標を書いたら成功する？　そんなわけないだろ？　笑わせるな。てか、そういう本もつくってたけど。紙に志望校だけ書いて合格するのか？　するわけないだろ、バカ！　勉強しなきゃ無理でしょ。

未だにこういった自己啓発書が好きなヤツがいるが、絶対に成功しない。きっと、こういう本を読むのを趣味にしてるだけなんだ。セミナーに出るのを趣味にしてるだけなんだ。

成功したいヤツがセミナー講師とピースしながら写真を撮って、フェイスブックにあげるか。そろそろ真剣に人生を変えることを考えようぜ。

じゃあ、何がヤバいかっていうと、オレたちは知らぬ間に、目標の奴隷にされちまってるってこと。

小さいときから、早くオムツが取れるように、早く歩けるように、早く字が書けるように、テストで良い点を取るように、良い中学校に入るように、良い高校に入るように、良い大学に入るように、良い会社に入るように、課長になるように、部長になるようにとか、勝手な目標をいつも目の前にぶら下げられて生きてきたから、なんでもいいから目標が欲しくなるようになってしまった。

だから「目標を立てなきゃ」とか「目標がないとヤバい」みたいな心境になったりする。それにつけこんで、オレみたいなマーケターは「目標達成する方法」みたいな本とか、年末年始には、「目標設定セミナー」みたいなもんをマーケットに打ち込む。

でも、考えてもみろよ。目標なんて本当に必要か？　それが本気でやりたいものなら、目標なんかにしなくてもやるよね？

じゃあ、目標ってたいして必要じゃなくないか？　てか、なくてもいいでしょ。もし目標がないと生きられないなら、目標の奴隷になってるだけ。

目標の何が悪いかっていうと、達成できない自分が自信を失う。目標にフォーカスするから、自分の本当の感情と向き合えないってことが起きる。覚えておけよ。

達成できない自分が自信を失う。目標にフォーカスするから、自分の本当の感情と向き合えない。目標達成できないからって自分を責めることはない。

10 考えてつくる目標はいらない!

もう気づこうぜ。

目標なんかなくたっていい

ってことをね。だって、部長になってもしょうがないでしょ。

11
グーグルの奴隷になるな！

マジで最近恐ろしいって思うことがある。それは、インターネットが普及したせい、いや、ネットマーケティングが発達したせいだろう。オレたちの目の前に提示される情報がすべて「過去」の延長線上になってしまったってことだ。

オレたちがネットをやっていて表示される広告は人それぞれ違う。過去に検索したものだったり、過去に訪れたサイトだったり、それに近いサイトの広告が出るわけだ。

これって怖くない？

オレがアメリカで体験したのは、ある量販店に行ったときのこと。家に戻ってきたら、その量販店の広告がモニターに出てるわけ。これって怖くない？

何が怖いかっていうと、どんどん「過去」に閉じ込められていくってことなんだ。

わかる？

いい？

いいか？

あなたの目の前に提示される情報が「過去」の延長ってことなんだぜ。ってことは、あなたは「過去」の延長線上の人生しか歩めなくなるってことなんだぜ！

そもそも、オレたちはどこへ行くんだ？

過去じゃなくて未来だろ？

そもそも、あなたはなんでこれを読んでるんだ？

過去と決別したいからだろ？

でもでもでもでもでもでも。目の前には「過去」しか表示されない中で生きてるんだぜ。そもそも、脳だって「過去の自分にとって都合の良いこと」しか見ようとしないんだ。

でも、ネットが発達した今は、「過去」しか物理的に目の前に提示されないんだ。

これって、相当ヤバいぜ。

だって、オレたちは「過去」と決別して、自分で「未来」を創りたいわけだから。だって、あなたは「過去」と決別して、自分で「未来」を創りたいわけだから。

だったら、情報との接し方を変えなきゃいけない。
だったら、考え方を変えなきゃいけない。
だったら、使う言葉を変えなきゃいけない。

さらに、怖い話をしよう。「過去」しか目の前に現れないわけだから、あなたの目の前に提示される「選択肢」だって、全部過去が前提になるわけ。

あなたが買う本、あなたが食べるもの、あなたが付き合う人ですらそうなるわけ。あなたの選択肢は、過去のどれかを選択するだけ。

だから、人生なんて何をやったって何も変わらない。だって、変わる要素は一つもないんだから。過去の延長線上どころか、過去から動けない。そんな状況なんだ。オレたちが置かれている状況というのは。

まあ、そもそも「選択肢」って考え方が間違ってるわけなんだが。あなたが何かをしようとしたとき、あなたが選択するものってのはクソなものが多いってこと。いい？ そりゃそうだろ？

いくつかの「選択肢」の中から何かを選んでる時点で、誰かのつくった人生を生きてるのと同じになるわけ。にもかかわらず、日本人の多くは「何を選択するか」に100%の力を注ぐ。マジ狂ってる。誰と結婚する、とか、どこで働く、とか。マジ狂ってる。

そもそも人生になんて、正解はないんだ。

だから、選択肢の中から何かを選んでる時点でおかしい。人生は「選択」の連続ではなく、「創造」の連続にするべきだ。選択している時点で、選ばされてる可能性が高いから。

大事なのは選択した後だぜ。わかる？

何を選択しようが同じ。

結局は選択した後に何をやるかなんだ。いや違うな。

自分でオリジナルの選択肢をつくってやるだけ。

結局、自分で考えて選んでもクソなものを選ぶ可能性が高いんだ。考えれば考えるほど、過去の延長線上になるわけだから。ほんとこれには気をつけなきゃいけない。だから、オレは徹底的に自分を変な環境に置こうとしてる。

だって、そうしないと過去に囚われていくだけだから。だから、極端なことを言えば、**サイコロで人生を決める**くらいでいいわけだ。

何を選ぼうが、どこに行こうが、そこからが勝負なんだよ。そこからがスタートなんだよ。選んだ後が重要なんだ。

何を選ぶかなんかより、選んだ後が重要なんだ。

だから、「あのとき、ああしておけば良かった」なんて後悔するバカがいるけど、そんなバカは何を選んでもうまくいかないんだよ。

「あのとき、ああしておけば良かった」なんて思う暇ない!

11 重要なのは「選択時」ではなく「選択後」だ!

12 クソの上にも3年

最近、つくづく思う。しかも、確信してることがある。
それは、「好き勝手やってるヤツほど稼いでいる」という事実。
ほんと、これを世の中に伝えたい！　ほんと、このことを声を大にして言いたい！
ほんと、これが事実。ていうか、オレにもっとでかい声で言わせろ！

好き勝手やってるヤツほど稼いでいる

と。でも、一方で、
お金は苦労してもらうもの
我慢の対価がお金
仕事は我慢
みたいな考えに洗脳されている人も多い。まさに奴隷だ。マジで解放したい。
だって、我慢したって先にあるものはクソだけだ。よく「我慢すれば良いことがある」なんて言うけど、ウソだから。
「石の上にも3年」なんて言葉があるけど、オレに言わせりゃ「クソの上にも

3年」だね。1年もいりゃ、クソかどうかわかるよ。

クソの上には3年いたってクソなんだ。

「我慢の先にはクソしかない」っていうのが現実なんだ。

マジ、目を覚ませ！

「好き勝手やってるヤツほど稼いでいる」んだから。

いいか。なぜか日本には自殺者が多かったり、ウツ病が多かったりする。全部、「我慢」が原因だろ。だったら、「我慢」なんてしなきゃいいだけじゃないか。いじめにあうような学校に我慢してまで行く必要あるか？ ねえだろ？ マジで。

もう我慢なんかやめよう。我慢なんかしないでいい生き方を見つけよう。しかも、意外と簡単に見つかったりするもんだ。まずは「我慢」をやめるんだ！

いいか？ まずは「我慢」をやめるんだ！

精神的なダメージの原因は「我慢」なんだから。

じゃあ、なんで多くの人が「我慢」してしまうのか？

「我慢」を選んでしまうのか？

もちろん、洗脳もある。でも、結局、人間の根源的な防御本能。そう、「変化したくない」っていう本能だ。この本能が、「たとえ我慢しても、変化しないほうがいい」という習慣を植えつけているからだ。じゃあ、この「クソ習慣」から抜け出すためにはどうすればいいか？

変化を怖がらないカラダをつくるしかない。わかるか？変化を怖がらないカラダをつくるんだ。じゃあ、どうするか？まずは、徹底的に変化にトライするんだ。最初は怖いだろう。

石橋を叩いて渡るんじゃなくて、渡ってから叩く。

っていうか、猛ダッシュで渡れば、橋が壊れたって渡れる。オレの尊敬する経営者が言ってたんだから間違いない。ガンガンやっていけば、カラダが慣れてくる。

そして、一回でも成功体験があれば、あとは楽勝！

そうすれば、あなたの人生は「好き勝手やる人生」に変わる。そう、カラダが「好き勝手やったほうが成功する」って覚えるからだ。

こうなれば最高だ。でも、多くの人がこの段階に行く前に、自分自身の「脳」

に邪魔されることになる。わかるか？

あなたの脳にあなたが邪魔されるんだ。

いい？　あなたの脳にあなたが邪魔されるんだ。そう。「あなたの人生」を「あなたの脳」が邪魔をしてるんだ。どういうことかわかる？　単純だ。

脳は変化を嫌う。だから、あなたが変化しようとすると、脳は「素晴らしい言い訳」を考える。そう。あなたが行動しない理由を考える。それも最高傑作をつくる。

変化からカラダを守るために、あなたの脳は最高の仕事をするわけだ。

じゃあ、あなたはどうすればいいか？

単純だ。どんなに素晴らしい言い訳が思い浮かんでも、「これは脳が邪魔してるんだな」って思えばいい。ほんとそうだよ。

ある意味、習慣だから、あなたはいつも「これは脳が邪魔してるんだな」って思うようにしてみよう。これだけで人生は、まったく変わるぜ。

脳は生命維持をしようとするから、いろんな不安をつくり出す。まさに想像力を発揮するわけ。

だって、そうでしょ。

今まで体験したことがないことはしたくないわけ。

だから、何かにチャレンジしようとすると、いろんな不安と言い訳をつくり出す。

それが脳の役目。ってことは、多くの人がやってる、不安を回避して安定を求めるって行為は、死人のように生きるってこと。

わかる？ 不安を回避して安定を求めるって行為は、死人のように生きるってことなんだ。だから、サラリーマンの多くの目が死んでるんだ。

目だけじゃないよ。いろんな部分が死んでる。

全身に血が通ってないから、エネルギーを感じられない。そう、いろんなとこが死んじまってる。ほんとヤバいよ。

結局、自分の価値観で生きてないから、悶々《もんもん》としてるんだ。

もう好き勝手生きていい時代なんだ。そして、情報発信っていう武器を手に入れたオレたちは、自分で自分の人生をプロデュースできるようになったんだ。

12 石橋は渡ってから叩け！

13 勝手に流れるトイレなんかいらない！

オレが最近特に感じるのは、オレたちは知らぬ間にソウゾウリョクを奪われているってこと。

ソウゾウリョクは想像力でもあり、創造力でもある。

そう、オレたちは知らぬ間にソウゾウリョクを奪われているってこと。

オレたちは最高に便利で、最高に豊かな社会で生きてきた。それはそれでいいだろう。でも、ヤバいことが起こっちまった。

それは、ソウゾウリョクを失っちまったってこと。そう、あまりにも便利になり、あまりにも豊かだから、何も考えないで生きていける。

フタが勝手に開き、勝手に流れるトイレ。マジ、いらねえだろ。でも、それが当たり前で育った子供は流すことを知らないで育つ。

これと同じようなことが多い。そう、何も考えないでも生きていけちまう。

いいか？　ソウゾウリョクってのは、不便だったり、何もないから鍛えられるんだ。昔の子供は何もなかったから、何もないところからどうやって楽しむか、遊びを考えていた。今だったら、ネットにつなげば簡単にやることが見つかっちまう。

そう、オレたちは何もないところから、楽しみを生み出すことができなくなっちまった。ゲームなのかなんなのか知らないが、誰かがつくった娯楽に乗っかって、楽しませてもらってるだけ。

「答え探し」の教育を受けたオレたちは、楽しみすら他人に与えてもらわなきゃ生きていけなくなっちまった。だから、いつも言ってるだろ。

何もないところから価値を生み出す能力が圧倒的に欠けてるって。だから、情弱ビジネスの食い物にされ、お金も稼ぐことができないって。

なんで、こんなことが起こるのか？

それは、いつも与えられるのを待ってるだけだから。そう、いつも与えられるのを待ってるだけなんだよ。

本当だったら想像力を発揮して、そんでもって創造力を発揮して、価値を生み出さなきゃいけない。その能力があるのに、まったくその能力を使わないようにされてきた。

なぜか？

誰が決めたんだか知らないが、レールに乗ることに価値があると洗脳されてきたからだ。レールに乗るってことは、何も考えないで進んじまうってことだぜ。そんなクソなことに価値があると思い込まされてきたんだぜ。マジやばいぜ。

そうやってオレたちは、危険を察する感覚、人を感じる感覚、自分の気持ちを感じる感覚、運を感じる感覚、他人と一緒に喜んだり怒ったりする感覚なんかを奪われちまった。もともとあった感覚を使わないで生きてきたんだ。

だから、人生が味気ないものになってんだ。オレたちはいろんな能力、いろんな感覚を持ってるのに、いつの間にか使わなくなっちまった。

結局人生は、**想像したものしか創造できない**わけ。

だから、想像力をつけて、それをリアルに落とし込むことで創造力がつくわけ。

だったら、まずは想像力をつけるしかない。そう、**人生をブレイクスルーさせるためには想像力がカギ**なんだ。

でも、多くの人は想像力を鍛えることをしていない。

代わりに、「ネットでの稼ぎ方」「コピーライティング」「話し方」とかっていうスキルやテクニックを学ぼうとする。もっとヤバいのは、認定資格を取ったりね。もう病気だよ。頭おかしいよ。だって、そうでしょ。

まずは、想像力を鍛えなきゃいけない。だって、オレたちはソウゾウリョクを奪われちまったんだから。なのに、スキルやテクニックを学ぼうと躍起《やっき》になってる。

だから、ぱっとしない人生になるわけ。つまらない人生になるんだよ。味気ない人生になるんだよ。じゃあ、どうするか。いろんな経験をするしかないんだよ。だから、オレは**セミナーなんか行くよりライブに行け**って言ってる。

今すぐできることはいっぱいあるぜ。やってないこと多いよ。

とくに、これからはカルチャー的なものにどっぷりいったヤツが勝つ。それだけで差が圧倒的に出るんだ。

オレだってずっと音楽を聴いてきたし、ギャンブルやってきたし、いろいろやってきたのが財産になってるわけ。

学校行って、就職して、マニュアル通りの人生じゃ、最悪だぜ。高度成長期ならそれでも良かったかもしれないけど、今は最悪な人生が待ってるから。そろそろ、やってないことをやっていこうぜ。

13 人生は想像したものしか創造できない

14

感じやすいカラダを創れ！

映画『ハートブルー』のセリフの一つに、

「人間は目に頼りすぎている」

というものがある。これは深夜にサーフィンをやるシーンでのセリフ。深夜の海。真っ暗の海。もはや目に頼ることができない。そういうシーンでのセリフ。オレはギャンブルにはまってた時代があるから、目に見えるものほど意味がないことを知っている。しかし、多くの人が「目に見えるもの」にとらわれている。たとえば、学歴なんかもそうだ。学歴だけで採用したら、とんでもないことになる。

一般的に良い学校出てたって、バカはバカだからだ。

とくに、過去問を解くのが得意な答え探しのうまいバカどもは、社会に出たら使いものにならない。だって、人生やビジネスは応用問題だからね。

何が言いたいかっていうと、もっと「目に見えないもの」に注意を払えってこと。そして、絶対に「目に見えないもの」のほうが重要だってこと。

何が「見える化」だ。「見える化」なんかクソくらえ！

結局、どいつもこいつも色眼鏡でしか物事を見られなくなっているわけ。

今までの常識とか、親から押しつけられた価値観っていう色眼鏡。まじクソだ。こんなもの。だから、一人の人間をきちんと見ることもできない。オレがいつも言っているように「インチキかどうかは見ればわかる」はずなのに、多くの人がわからない。

結局、普段から一人の人間をきちんと見てないからだ。だから、感じられない。だから、自分でその人に感じたものよりも、学歴と経歴といった見えるものを重視してしまう。そう、結局、字面が良いものを、世の中的に認められているものを重視してしまう。文字を信じてしまう！

これは、どういうことか。結局、自分の感覚を信じれてないってこと。だから、他人や社会が決めた価値観に従ってるだけ。

当然、「仕掛けられる側」の人生になるわけだ。だから、やりたいこともない、やる気も出ないって状態になってしまう。じゃあ、どうすればいいか。

今までの前提知識とか外して、ゼロベースで物事を見るってことをすればいい。

まっさらな状態で、人や物事を見る。そうすれば、感じてくるはず。最初の話に戻るけど、見えるものを信じない、前提知識を信じない、文字を信じないで、まっさらな状態で人や物事を見るんだ。わかる?

でも、これって結構難しい。

だから、最初にやるべきなのは感じやすいカラダを創ることなんだ。繰り返す。感じやすいカラダを創ること、が重要なんだ。

多くの人が毎日、「なんとなく」生きてるだけで何も感じずに生きてしまっている。

そうやってると、カラダはどんどん不感症になっていく。

まず、これをやめること。

そのためには、知識の習得より先に体感することを優先する。

オレが勧めてるのがライブに行くこと。

オレのセミナーがやたら、宿題が多いのも、半ば強制的に行動させることによって、考え、感じる機会を多く持ってもらうため。
まずは、感じやすいカラダを創ることをやるんだ。頭は使わず、体感するんだ！

スキルとか知識はその後でいい。
そのために初体験をたくさんするのもいい。

たとえば、
初めての場所に行く
初めての人に会う
初めてやることをやる
っていう感じで。
初めてのことは「なんとなく」ではできないから。
だから、感じることが多いわけ。
知識やスキルよりも、行動よりも、まずは感じるカラダを創ることが重要だ。

オレが言いたいのは、コンテンツを通じて自分らしい感じ方、自分の価値観を見出して欲しいってこと。

それが、多くの人を自由にすることだから。

14 初体験をしまくれ!

15 何をやるかより、誰とやるか

ウォーレン・バフェットの言葉に、こんなものがある。

「一番尊敬している人のところで働け」

「大事なのは自分にとってヒーローと呼べる人物を持つこと」

はっきり言って、人生をうまくいかせるにはこれしかないと思ってる。

クソ会社・クソ上司の下で働くほど、人生のムダはないからだ。

オレの言う、クソ会社・クソ上司っていうのは、仕事の面、人間性の面の両方だ。だから、どちらかがクソでも、クソはクソ。

わかる？ 仕事の面、人間性の面、どちらかがクソならクソなわけ。よく聞く話に、「上司は良い人だから」なんて、言い方をする人もいるが、良い人だけなら、この世に腐るほどいるから。

良い人であることは最低条件ではあるが、良い人だけではクソなんだよ。

重要なのは、

一番尊敬している人のところで働く

自分にとってヒーローと呼べる人物を持つこと。

じゃあ、あなたはどうだろうか？

尊敬している人の下で働いてる？

もし、働いているなら、そのまま頑張ろう。

でも、もし、尊敬している人の下で働いてないなら、今すぐ仕事を辞めよう。

マジで。ほんとに人生のムダだから。

そんなオレも昔は「石の上にも3年」なんてクソみたいな言葉を信じてたから、多くの人に「3年いなきゃ仕事のことはわからないよ」なんて答えてた。

でも、今はまったく違う。たしかに仕事のことは3年くらいやらないとわからないが、会社がクソか上司がクソかはすぐわかる。

そんでもって、今はオレも成長して、「何をやるかよりも、誰とやるか」ってことが重要だってことに気づいた。

だからクソ会社ならすぐに辞めてしまえと言っているわけ。

つまり、どんな仕事をやるかよりも、どんな人とやるかが重要ってこと。

そしてオレが強く言いたいのが、結局は、

「あなたの人生＝あなたの周りの人」

ってことなわけ。


つまり、あなたが今の人生に満足していないなら、周りにいる人がクソってことだ。これ、ホントだから。

それを知っているから、バフェットも言ってるんだ。

「一番尊敬している人のところで働け」

「大事なのは自分にとってヒーローと呼べる人物を持つこと」

クソなヤツらといれば、あなたの人生もクソになるわけだ。

だから、今すぐ辞めないとヤバいんだよ。

繰り返しになるが、オレが言いたいのは、よほど強靭な精神力の持ち主でない限り、自分自身で自分を変えることはできないってこと。どんなに本を読んだり、セミナー出ても何も変わらない。

だから、オレは**「世界観を創れ」**って言ってるわけ。だから、「世界観の創り方」というテーマでセミナーもしたわけ。自分が多くの本やセミナーをプロデュースしてきて、いろんな人を見てきたから、これしかないって思ったわけ。

自分の望む「世界観」を創って、その「世界観」に惹《ひ》かれる同志を集める。そうすれば、周りの人間関係も変わる。あなたの理想とする「世界観」をさらに強化することになり、あなたは理想の人生を手に入れることができる。

でも、こういうことを言う人がいる。

「まだ、自分がどういう世界観を創るべきかわからない」って。

もちろん、多くの人はわからないはず。

それは、まだ、今までの価値観であなたが生きているから。

いつも言っているようにその価値観は、あなたが親や社会から押しつけられたものだからだ。

だから、オレは「ヒーローを持て」って言ってる。

まずは、ヒーローを持って、その人の言葉や行動を真似すればいい。

そうやって親の価値観から離れるんだ。

あなたが自分の「世界観」を創る前にやることは、親の洗脳を解くことなんだ。

自分ではなく、環境にフォーカスするんだ。

だから、**今すぐヒーローを見つけて欲しい。**見つからなかったら、オレでいい。

オレは、あなたを引っ張っていく自信があるから。

15 人生は人間関係の結果

16
すべてを「否定」することから始めろ！

オレの情報発信を見て、

「なんでもかんでも常識を否定するのはどうなんでしょうか?」

というメッセージをもらったりする。

オレの発信を読んでる人ならわかると思うが、「誰が週5日働くと決めたのか?」「我慢は美徳ではない」とか、しまいには、「誰が朝早く起きろと決めたのか?」みたいなことを書いてるから。

もちろん、何がなんでも否定するつもりなんてない。オレが言いたいのは、別に、「どっちでもいい」ってこと。重要なのは、「当たり前だから」「みんながやってるから」とか、「常識だから」とかで自分の行動を決めるなってこと。

自分の行動に必ず自分のフィルターを入れ、自分の行動を決めろ。

もしかするとあなたは、「だからといって、全部否定することないだろ?」と思うかもしれない。

でも、オレは、すべて否定することに意味があるって思ってる。

繰り返すけど、すべて否定することに意味があるって思ってる。どっちでもいいって言ったら、多くの人はそこで迷ってしまう。

だから、まずは否定する。いや、疑ってみるという作業をやるべきだと思っている。その上で、常識やみんながやっていることを選ぶなら、その決断はあなたの決断だ。

その意味で、「どっちを選んでもいい」って言ってるわけ。

オレが言いたいのは、**「何も考えずに自分の行動を決めるな」**ってこと。そのためには、まずは否定から入ることを勧めてるわけ。そして、何が危険かっていうと、世の中はなるべく何も考えない人をつくろうとするってこと。

わかる？

「何も考えない人をつくるバイアス」がかかってくる。何も考えない人が増えれば、権力者が得することはわかるだろう。

強者が得をするため、強者が権力を維持するために「何も考えない人をつくるバイアス」をかけてくるのが世の常。

つまり、ほうっておくと、あなたも何も考えない人間にされてしまうってこと。会社の文句を言いながらも必死に働いているサラリーマンなんて良い例だ。

まさに、「社畜」だ。

何も考えない人間は「社畜」にされてしまうわけだ！　だから、まずは「否定」から入るんだ。

そうすれば、一度、そこにあなたの思考が入る。それを毎秒毎秒やっていれば、あなたは「自分の人生」を生きることができる！

何も考えない人間＝他人の人生なわけだから。

否定、否定、否定って言うと、必ずバカポジティブの連中から批判が出たりするからポジティブシンキングについても書いておこう。

オレもポジティブシンキングは良いことだと思ってる。それは、精神状態を良い形でキープできるから、運を引き寄せる効果もある。

でも、バカポジティブはヤバい！

なんでもかんでもポジティブじゃただのバカだ。たとえば、強くなるためなら体罰受けても喜んじゃうとか、自然災害に見舞われてもポジティブでいるとか、そういうのはあり得ないから。

そういうバカポジティブは、絶対に人生で成功しない。なぜなら、成長がないからだ。

本当に一気に成長するのは、悔しさや屈辱からだったりするからだ。だから、バカポジティブだけにはなるな。

だから、ポジティブシンキングすら意識することはないと思う。だって、ネガティブな人もいるからね。そういう人に無理矢理ポジティブになれって言うのも酷だ。

だから、オレはそんなことは意識せずに、ヒーローを見つけてそういう人と一緒にいることを勧める。一緒にいれば、思考は同調するからだ。

まずは否定する。

そして、誰といるかを考える。

これだけで人生は大きく変わり始める。

16

破壊から創造されるように否定から自分が生まれる!

17 コモディティ人生

最近、オレはプロデュースする人たちに、

「話し方なんか習うな」

「話はうまくなるな」

って教えてる。話がうまいヤツなんて、なんの魅力もないぜ。

それと同じで、なんでもうまくなろうとするなってこと。

いや、うまくなりたいって心底思ってるならいい。でも、好きでもないことで、それがうまくなれば収入が上がるとか、仕事が見つかるとかって理由でやるのはやめろってこと。

好きなことなら勝手にやればいいし、うまくなればいい。でも、たいして好きでもないことなのに、仕事に役立つという理由からならやめておけってことだ。好きでもないことなら、たいしてうまくもならないし。そもそも挫折する可能性のほうが高い。そうなれば、また自信を失う。

いつも言っているが、人生において一番ヤバいのは、自信を失うことだから。

そして、ある技術についてうまくなるってことは、あなた自身がコモディティ化する恐れがある。ビジネスでもなんでもそうだが、コモディティ化したらあとはどんどん価値が落ちていく。

あなたの人生の価値が落ちていくんだぜ。なぜか？

何かがうまいヤツなんて腐るほどいるんだ。

たとえば、話がうまいヤツだって腐るほどいる。そう、所詮、話がうまい大勢の中の一人になっちまう。その瞬間あなたはコモディティだ。

この世はどんどん、オレたちを均一化するんだよ。同じような考え、同じような価値観を植えつけて、個性のない人間をつくる。いや、個性のない奴隷をつくろうとする。なぜか？

「仕掛ける側」にとって都合がいいからだ。

うまくなろうとすると、均一化のワナにはまるんだよ。人前でうまく話そうとトレーニングされて、パワポをなぞるように読んでるだけ。

予定調和のワーク、予定調和の拍手とか、どうでもいいだろ？　そんなヤツの話は聞き心地は良いかもしれないが、人生を変えることはできない。

わかるだろ？

もう時代は変わったんだ。何かをうまくなっても、飯は食えない。というか、何のスキルがなくても生活保護を受ければ食える。

なにせ、超豊かな国だから。モノが余りまくっている時代だから。究極に豊かなパラダイスだ。だから、好き勝手生きようって言ってんだ。

そのために、オレはセミナーをやったり、情報発信したりしてんだ。あなたが好きなように生きられるようにね。そう、挑発してんだ。

もう我慢する必要なんてこれっぽっちもないんだよ。

イヤなことを一生懸命やることはない。好きでもないことをうまくなろうとすることもない。むしろ、好き勝手やって生き様をさらしたヤツが勝つ時代になるから。

何かにうまくなれば均一化が起きる。そうしたら、あなたは「あなた」ではなく、「何かができる何人かの一人」になるだけ。つまり、あなたである必要はなくなり、あなたはどうでもいいことになる。

そうじゃないだろ?

あなたはあなただ!
だから、生き様をさらせって言ってんだ。
生き様を発信するんだ。
そうすれば、あなたの世界観ができる。
そうなれば、同志が現れる。
そして、新たな人生が切り開かれるんだ!

17 うまくなると、うまくいかない

18

「自己投資」ではなく、「自己消費」しろ！

最近、「成功している人」は「目に見えないもの」「残らないもの」にお金と時間を使っているなって思う。わかる？

たとえば、旅行とかに金かけてるなって。成功者の思考は高級ホテルに泊まるけど、成功しない人の思考は、ホテル代を安くして、買い物しようってなるわけ。

結局、「目に見えるもの」「残るもの」のほうに価値を感じてしまう思考って、「他人に仕掛けられてる」ってこと。だから、そういうヤツは成功しない。

いい？

「目に見えるもの」「残るもの」って、誰が見てもわかるものだろ？

わかりやすく言うと、ブランド品＝誰もが認める価値、高級リゾートでの経験＝自分で決める価値ってことになる。

もっとわかりやすく言えば、ブランド品＝目に見えて残るモノ、高級リゾートでの体験＝目に見えない残らないモノってこと。つまり、**成功者は「金を払うだけでは手に入らない価値」を重視する**ってこと。これって当たり前だよね。

成功している人っていうのは、少なからず「自分で価値を生める人」なんだから。「金を払うだけで得られる価値」で満足している人は、所詮「他人の創った価値」に乗ってるだけなんだから。ちなみに、オレはブランド品大好きだよ。でも、オレはマーケティングを体感するのが好きなわけ。モノというより、その経験に価値を置いているんだ。

ここでわかって欲しいのは、「一見、ムダなものが実は人生においてはとても役立つ」ってこと。オレだって、ギャンブルやってたから出版業界で勝てたんだ。ほんとなら、出版業界のヤツらはギャンブルをやったほうがいいって教えたい。やっぱり、勝負勘を磨くことは重要だから。

実際、オレのもっとも尊敬する出版社の社長は、「名編集者である前に勝負師でありたい」と、オレに教えてくれた。そもそも、「目に見えるもの」は本当に役に立たない。

学歴とか資格とか、ほんといらないと思うね。もはや。いつも言ってるけど、資格なんか取った瞬間にコモディティ化するんだし。

だから、あなたにやって欲しいのは、「目に見えないもの」「残らないもの」に積極的にお金と時間を使うってこと。

大事だから、繰り返す。

「目に見えないもの」「残らないもの」に積極的にお金と時間を使って欲しい。

でも、これをやると周りからは、絶対に、

「バカなことしてんじゃない」

って言われる。

でも、それを言ったヤツが成功しているかどうかを見れば、どっちが正しいかわかるはずだ。

成功しているようなヤツはいないだろう。

ここ重要だから、繰り返す。

「バカなことしてんじゃない」

って言うヤツが成功しているか見ておけ。むしろ、

「バカなことしてんじゃない」

と言われるヤツが成功するんだ。

結局、何が言いたいかっていうと、もはや、「人生はトータル勝負」ってことだ。つまり、何に価値を置いて生きるか。３６５日24時間、自分の価値観で生きているかが重要になるってこと。

結局、人生をうまくいかせられるかどうかは、思考の問題が大きいわけ。そして、その思考は普段の生活から出てくるものなわけ。ホテル代をケチってブランド品買うヤツは成功できないわけ。

今は資本主義だから、

「何にお金を使っているか」＝人生

なんだよ。

だから、徹底的に「自己消費」をしろ。「自己投資」じゃダメ。

「投資」って思考は奴隷の思考だからだ。だから、すべては「自己消費」に回せ！

そして、魅力的な「生き様」をさらすなら、魅力的な経験をしろ。魅力的な人といろ。そのために徹底的に消費しろ。

見返りなんて求めないで、消費しよう！

18 ムダなことにしか価値はない

19 出会い系攻略法

リアルとネットが融合した。これによって、オレも含めた凡人に最大のチャンスがきたんだよ。

それはオレたちが情報発信っていう武器を手に入れたってこと。無料で情報発信しまくれるんだよ。これってすごいことだよ。動画だって配信できるんだよ。

今までは、情報発信できるのは本を書くような偉い人だったり、マスコミに就職できたエリートたちだけ。だから、彼らはビジネス的にも、社会的にも、人生的にも有利に生きてきた。情報発信ができるだけで、人生を制してきたわけだ。

そして、その情報発信が誰もができるようになったわけ。これって本当にすごいことなんだ。オレたちは情報発信っていう最強の武器を手にしたわけ。

でも、多くの人が武器の使い方がヘタすぎる。だから、本当にもどかしい。だって、最強の武器を手にしたんだぜ。それは、人生を変える最強の武器なんだよ。

リアルな世界を変えるのは大変だけど、ネットの世界を変えるのは簡単なんだから。脳にとっては、リアルもネットも情報でしかない。

でも、オレたちが実際に生きていく中で、リアル空間は扱いづらい。だって、引っ越したりするのはそれなりに大変でしょ。でも、ネット空間だったら、文字情報を変えるだけ。簡単でしょ。

その文字情報がまさに情報発信なわけ。だから、オレは**情報発信をしろ**って口を酸っぱくして言ってるわけ。

ほんと人生は変わるから。簡単に人生は変わるのに。リアルな世界にあなたの理解者はいないかもしれないが、ネットの世界なら必ずいるわけ。でも、多くの人が情報発信がヘタすぎる。だから、もどかしい。

ある意味、出会い系サイトの攻略みたいなもんだ。

だって、そこでモテればいいってことだから。そこで新しい人間関係、新しい人生を始めればいいだけだから。

だからって勘違いしないで欲しいのは、そこで必要以上に自分を良く見せようとしなくていいということ。モテたいがために、良く見せようって多くの人が思ってしまう。こういう思考のヤツのことをヘタってオレが言ってるわけ。

だって、そうでしょ。自分を良く見せようとするってことは、あくまでも一般的な価値に自分を追い込むことになる。

年収が高い、学歴が高い、顔がいいとかね。たしかにそれが好きな人もいるだろう。でも、それは年収だったり、学歴に惹かれてるだけであって、あなたに惹かれてるわけではない。

つまり、所詮は取り替えがきく存在なわけ。取り替えがきく人間はコモディティと化すわけ。コモディティ化すれば、一気に安売りされていく。つまり価値のない存在になるわけ。だから、これじゃあモテてるとは言えない。

「出会い系」を制するには、取り替えの効かない存在になる必要があるわけだ。

今ネットで活躍している人は、昔、出会い系で暴れてた人が多い。

結局、情報発信を制した者が人生を制するって時代になったんだ。ビジネスも同じ。情報発信を制した者がビジネスを制するわけだ。

そして、その情報は文字を中心としたコンテンツ。文字だぜ。

もう一度言う。


文字だぜ。

だったら、好きなように書けるじゃん。だったら、好きなように人生変えられるじゃん。

ただ、コツがある。そのコツを多くの人が知らなすぎる。わかる人にはわかるだろうけど、オレも情報発信で人生を変えた。

もちろん、編集者であり、プロデューサーであるオレは情報発信のプロだから、そのコツはわかってる。結局は、どう自分の「世界観」をプロデュースするかなんだ。

情報発信をどんどんして、自分の世界観を創るんだ。

そうやって、多くの人を巻き込んでいくんだ。それは、ほんと誰でもできることだから。だって、文字だぜ。

19 文字で人生は変わる！

20 自己啓発はいらない

いつも言っているように、オレたちは他人の価値観を押しつけられて生きてきた。だから、自分の価値観を持っていない。

つまり、

「価値観を持ってないんだから、やりたいことなんかない」

「他人の価値観の上でつくったやりたいことだから、モチベーションが上がるわけない」

ってこと。

だったら、いっそのこと、金を稼いでしまえと思う。実際、オレの周りには「金を稼いだから、好きなことをやるしかない」っていう連中が多くいたから。

でも、いろんな人に会って感じたのは、「本当にお金を稼ぎたい」っていう人は少ないってこと。わかる?

オレは金には比較的執着があるほうだし、金を稼ぐべきって考えるほう。もしかしたら、世代的なものもあるのかもしれない。ホリエモンとかと同世代だし。

でも気づいたんだ。

「全員がお金が好きってわけじゃない」

「全員がお金を稼ぎたいって思ってない」

ってことに。

そうなると、そういう人に向けて「まずは金を稼げ」って言うのは大きな間違いになる。なぜか？ そういう人は、稼ぐことにフォーカスできないからだ。

わかる？

そこまでお金に興味がない人は、稼ぐことにフォーカスできないから。そりゃそうだよね。稼ぐことにフォーカスできる人なら、もう行動してるよ。行動してないってことは、稼ぐことを最重要って思ってないってこと。稼ぐことが重要だと思ってないってこと。

そういう人に、「まずは稼げ」って言うのは間違いなわけ。それ自体がとんでもないストレスになってしまう。

じゃあ、どうすればいいか。ずっと言ってることだけど、情報弱者から抜け出すってこと。ほんとこれしかないんだ。しつこいよね、オレ。でも、ほんとこれしかない。情報弱者から抜け出すしかないわけ。

オレたちは学校教育の中で、情報弱者にされちまった。さらに、社会に出ても情弱ビジネスのワナにはめられてきた。そりゃそうだよ。

情報弱者だらけなんだから、企業は情弱ビジネスをやるよ。それが儲かるから。オレだって出版社時代はそうだった。今思えば、完全に情弱ビジネスだ。もちろん、当時はそんなこと思ってなかったし、著者たちのつくってくれるコンテンツは素晴らしかった。

でも、オレの売り方は完全に情弱ビジネスだった。多くの人の人生を変えるどころか、自己啓発マニアをつくったか、情弱ビジネスをやるヤツを増やしたほうが多かったかもしれない。

だからというわけじゃないけど、今オレは情弱ビジネスをぶっ叩こうと思ってる。少し責任を感じてるのかもしれない。あまりにもクソが多いから。

海外のセミナーに影響を受けた単なる霊感商法的なセミナーだったり、無料に近いセミナーで多くの人を集めて、高額商品を売る詐欺セミナーだったりね。

はっきり言って、ひどいものばかりだから。外国人のマーケティングセミナーに地方の普通のおばさんがいたり。マジ詐欺だから。

なんで、オレがこんなことにこだわるかっていうと、このままだと、「自己啓発は悪」っていう認知を社会的にされてしまうって思うから。すでに、自己啓発をキャリアポルノって言って、揶揄《やゆ》する見方もあるし、詐欺的なものばかりだから社会悪にされる可能性もあるわけだ。

でも、オレは「自己啓発は日本に必要」って思ってる。だって、情弱を生む学校教育で育ち、宗教的な背景も持っていないオレたち日本人は、「自分で考える価値観を持っていない」からだ。だから、自分で考えたり、自分と向き合う機会を与えてくれる自己啓発は絶対に必要なんだ。

オレだって人生が大きく変わったたし。でも、このままだと「自己啓発=社会悪」にされちまう。だから、まともなものを世の中に増やしたいわけ。

じゃあ、何をもってまともなのか?

オレが思うに、セミナー講師であれ、著者であれ、**「方法ではなく、背中で語**

れる人かどうか」だって思ってる。抽象的かもしれないけど、人の人生を変えるにはこれしかないって。師匠と弟子の関係じゃないんだけど、「やり方」よりも「あり方」を示せるかどうかじゃないかと。

だから、オレは、

ギブギブギブしろ

と言ってる。自分に何のメリットもないものに与えることが重要だから。その先に何かが見えてくる！

20 方法ではなく、背中で語れ

21 情報発信こそが生きること

フランクルの『夜と霧』って有名な本がある。アウシュビッツの収容所に入った精神科医の話で、生き延びた人と死んだ人の違いに関する話。ここからは結構、大げさな話で、

「長倉も偉そうなこと言ってるけど、ガッツねえな」

って思われそうだけど、書いてみる。

2013年の8月にオレさ、ホテルの部屋で倒れて病院に運ばれたんだ。それから手術したんだけど、オレさ、手術のとき、麻酔が切れ始めて、呼吸もヤバくなって、もうヤバいのかなって思った瞬間があったんだ。まあ、そのあと、全身麻酔に切り替えられて、気を失ったわけだけど。

オレさあ、

「40年間、結構、良い人生だったな。それなりに楽しかったな」

って思っちゃったんだ。こんなこと書くと、怒られるかもしれないんだけど。そんで、『夜と霧』を思い出したとき、オレって「生」へのこだわりないなって思っちゃった。結局、そんなこと思えるのも、仲間に恵まれたっていうことだっ

て。

ほんとにオレはラッキーだ。だから、これからは、どんどん仲間の素晴らしさ、同志の素晴らしさを伝えていきたい。マジだぜ。どうすればいいかは、これから研究していくから本を書いたりしてる。

結局、**人は人との関係性からしか価値を生み出せない。**だから、良い関係性をつくることにフォーカスするべきなんだ。

ただ、間違っちゃいけないのは、それが相手に合わすものじゃいけないってこと。お互いがガチンコで関わり合うんだ。そのためには、情報発信が大事なんだ。

そして、オレが病院に運ばれて驚いたのが、オレが2日間情報発信を更新しなかっただけで、多くの人から、

「殺されましたか?」

「大丈夫ですか?」

ってメッセージがきたこと。情報発信自体がもはや命ってことだよね。

いつも言ってるけど、もはや人生にリアルもネットもない。全部一緒だから。

だから、オレの場合で言うと、
「情報発信できない＝死」
になるわけだ。だから、術後はどんなに辛くても情報発信してる。
「オレ生きてるよ」って、世の中に知らせたいから。だからさ、しつこいけど情報発信はしていこうぜ。そして、その情報発信からあなたの「世界観」が創られるんだ。

そこから仲間や同志が生まれるんだ。つまり、

何を発信するかで出会いが決まる

ってことなんだよ。

昔からよく言われてることだけど、「人生は出会いで変わる」わけだ。その出会いをコントロールできるのが情報発信なんだよ。

何を発するかで出会いが変わるんだ。出会いが変わるってことは人生が変わるんだ。だから、

何を発するかで人生が変わる

ってことなんだよ。これ超重要だから。

だから、人生はアウトプットなんだ。

結局、狭い世界で生きている人ほど苦しい状況になる。

わかる？

狭い世界っていうのは、たとえば、生まれてからずっと同じ場所で暮らして、地元の友だちとかしか知り合いがいないような感じかな。

意外と、それだけの世界で生きてる人って多かったりする。そしたら、もうその世界の価値観しか知らないまま生きることになり、選択肢が極端に少なくなり、可能性を限定されることになる。これヤバいよ。

選択肢が極端に少なくなり、可能性を限定されることになる。世界が狭いってことは何の問題も解決できないんだよ。

問題を解決するには、違う次元の思考が必要なんだ。だから、世界が狭い人は同じ問題で永遠に悩み続けるわけ。お金だったり、人間関係だったり。もうそんなのはやめたほうがいい。

フェイスブックの台頭《たいとう》によって、日本にも実名文化が定着したわけで、もうリアル空間とネット空間は一緒になったわけ。地元にいたって、世界に出ていける状況は整ったわけ。そして、ネットで知り合った人と直接に会うこともできるわけ。

そうやって、誰もが世界を広げることができるようになったわけ。ていうことは、未だに狭い世界で生きてる人っていうのは、どんどん取り残されていくわけ。

だから、どんどん発信していこう！ どんどん会いに来い！

21 アウトプットを意識していけ

22 ミクスチャー人生

オレはよく、

一流の人に会え

って言う。なぜなら、今の時代はネットを通じて一流の人に会えるようになったから。イベントをやったりしている人が多いからだ。

一流の人の「世界観」に触れることで、あなたの世界が広がるからだ。オレは編集者という特殊な職業だったから、一流の人に会えた。だから、世界が否応なしに広がった。

ほんとラッキーだと思う。29歳まで何やってもダメな人間だったけど、いろんな人に会って、ベストセラーをたくさん出せるようになったわけだ。

だから、今は、出版プロデュース、経営コンサルタント、出版社社長、セミナー講師とかいろいろやってるわけだよ。一流の人に会えたおかげで、自分の可能性が広がったわけ。

だから、オレは言いたい。

「一流の世界観に犯されろ！」

って。

声を大にして言いたい。

一流の世界観に犯されろ!

一流の世界観ってのは人だけじゃないよ。ファッションブランドでもいい。とにかく、いろんな世界観に犯されるんだ。

でも、多くの人は、「何が一流かわからない」みたいなことを言い出す。まあ、多くの人がそこを見誤るからね。そこで重要になってくるのは感性なわけ。

オレがいつも言ってる「感じる力」だ。「感じる力」が身につけば、簡単に一流かどうか見極めることができる。

正直、「感じる力」がないと、何を学んでも、何を経験しても身にならないと思っている。一流を見分けるには、結局、欲をなくして見るってことが重要なんだ。

わかる?

欲をなくして、見るってこと。いや、**「欲をなくして、観る」**のほうが正しいかな。なんで、オレたちは騙されるのか。投資詐欺なんて良い例だ。結局、欲に目がくらんで、冷静に観られないから騙される。

インチキ成功セミナーやインチキネットビジネスセミナーに騙されるのも同じ。だから、欲をなくして、観ることが重要なんだ。欲をなくして観たときに、一流かどうかが見えてくる。

そうやって、一流の価値観に触れたら、徹底的に溺れるべきだ。ただ、そのときに、いくつかの一流の価値観に溺れるんだ。

わかる？

たとえば、ファッションなら○○、音楽なら○○、本なら○○、とかね。そうやって、自分の好きな一流の価値観に触れ続ける。

複数の一流の価値観の組み合わせによって、あなたの世界観が出来上がるからだ。

わかる？

複数の一流の価値観の組み合わせによって、あなたの世界観が出来上がるんだよ。よく言われることだけど、よほどの天才じゃない限り、ゼロからオリジナルを創ることはできない。

オレも含めた凡人は、組み合わせによって、オリジナルを創るしかないんだ。だから、いろんな価値観と徹底的に交わるんだ。

オレはよく、最初はコピーバンドでいいって言ってる。

「誰かの真似でいい」

ってこと。

だって、どんな偉大なロックバンドだって、みんな最初はコピーバンドなんだぜ。

最初は、コピーでいいんだぜ。ただ、それは金をもらわない素人のうちだけ。にもかかわらず、課金コンテンツを提供する人間がコピーのままの人がいたりする。それはもう通用しないから。

よくモデリングなんていうけど、モデリングなんてもう通用しないよ。だって、簡単にオリジナルにアクセスできる時代なんだぜ。○○さんに認められた●●みたいなのはもう厳しいんだ。それじゃあ、オリジナルの世界観はできないからね。

そして、徹底的に、

好きなモノを好き

と言い、

嫌いなモノを嫌い

と言うってことをやるんだ。**徹底的にコントラストをつける**んだ。結局、成功者はコントラストがついてる人。街で会っても、風景から浮き出て見えるんだ。きっと、普段からコントラストをつけて生きてるから、オーラがそうなるんだ。

一方、ブレイクスルーできない人ってのは、なんかボヤけてんだよな。

だから、今日から情報発信を変えていこう。好きなモノを好きと言い、嫌いなモノを嫌いと言う。

「嫌われたくない」

「自分ができてないのに言う権利はない」

なんて思う気持ちもわかるけど1億総情報発信時代に、そんなことじゃ抜け出すことは難しいから。

22 一流の価値観に触れる！

23 ゲンズブールのように

突然だが、セルジュ・ゲンズブールという男を知っているだろうか。まあ、有名なんで、知ってる人も多いだろう。フランスのミュージシャンだ。

ジェーン・バーキンの夫でもあり、シャルロット・ゲンズブールの父。

そんでもってテレビでホイットニー・ヒューストンに向かって**「ファックさせろ」**って言ったり。

ヤバくない？

この人の何がすごいかっていうと、マジで有名な女優とかと付き合いまくってたってこと。美男子でもないし、滅茶苦茶才能があったって感じじゃない。でも、強烈な雰囲気がある。いつも無精ヒゲだったり。オレが研究している男の一人。

あんだけモテるってのはなんかあるはずだ。

やはり世の中にはモテるヤツっているわけで、それは異性からとかだけでなく、同性からだったりも。もちろん、ビジネスがうまくいってるヤツってのもモテるって言っていいと思う。

だってそうだろ？

人が集まるからうまくいくわけで、モテる以外の何ものでもないわけだ。

仕事なんて、ほんとそう思うんだ。結局は、偉い人、影響力のある人に引っぱり上げてもらえるかが勝負だからね。ほんとそうなんだ。

だったら、そういう人にモテるかどうかって重要なんだよ。もちろん、媚《こ》びろって言ってるんじゃないぜ。そんなのは逆効果なわけ。

偉い人ってのは簡単に言えば、「人を見抜く力」があるから偉いわけ。だから、媚びてるかどうかなんて一発で見抜く。

少し話はそれるが、有名な作家の大下英治さんと話したときに、彼が言っていたのは、

女にモテないヤツは、男にもモテない

ってこと。

じゃあ、モテるってなんなんだ。

オレが思うに、それって「空間支配能力」だと思うわけ。つまり、**「世界観」を持っているかどうか。**これしかない。

結局、魅力的な「世界観」を持っている人のところに、人もお金も運も引き寄せられてくるんだよ。ハイブランドなんて、みんなそうじゃないか。

アップルだってそうだろ?

世界観があるんだよ。独自の世界観。魅力的な世界観。

日本みたいに人類史上最強に豊かになってしまった国では、「機能性が優れてる」とか「便利だ」とかそういうことでは人を惹きつけることはできないんだ。便利なヤツなんて、いいように使われて終わり。

いいか?

つまり、「役に立つ」ってだけではダメってことなんだ。昔だったら、新たに便利なものを出せば売れたかもしれない。もうそういう時代じゃないんだよ。

これはビジネスに限ったことじゃない。オレたち一人一人にとっても重要な課題なんだ。

オレは「こんなに豊かな国に生まれたんだから、好き勝手生きろ」っていつも言ってる。だって、そのほうが楽しいだろ? 行きたくもない会社に行って、行きたくもない学校に行って、好きでもないヤツらと一緒にいたって、つまんないだろ？

もう我慢なんてしなくていいんだよ。ほんとに。

ただ、好き勝手生きるには、自分自身の価値観を持たなきゃいけない。そうだろ？

好き勝手生きるって言いながら、他人の価値観で生きてたらダメでしょ。なんでダメかって言うと、他人の価値観ってことは他人の世界観で生きてるってこと。そこに誰も引き寄せられないでしょ。引き寄せられたとしてもそれは、それを創った他人に引き寄せられただけ。つまりあなたじゃない。わかるよね？

ただ、オレたちは生まれてから、親をはじめ様々な価値観に洗脳されてきた。だから、多くの人が自分自身の価値観がない。だから、多くの人が世界観がない。だから、オレは世界観の創り方を教えているわけ。じゃあ、最初にやるのは何か。

我慢をやめる

ことなんだよ。

好きでもないヤツらとはお別れするんだ。それが他人の世界観から抜ける第一歩だから。

じゃあ、どうすればいいか。

「空間支配能力」ってのは、ようするに「言語空間支配」なわけ。

わかる？

オレたちが認識する空間っていうのは、言語空間なわけ。だから、その言語空間を支配できるかが勝負なんだ。

言語空間を支配する方法が「情報発信」なわけ。オレは出版界に長くいたから「情報発信」のプロ。だから、今は「情報発信」を教えているわけ。

結局、**モテるってことは言語空間支配**なんだ。逆を言えば、言語空間を支配されちゃいけないんだよ。オレたちは生まれたときに、親の言語空間で育つわけ。だから、思考まで洗脳される。

だから、なかなか親の価値観から抜けられないわけ。だから、オレだって40手前までサラリーマンだったわけ。親父が銀行員だったから知らぬ間にそういう思考になっちゃってたわけ。それくらい根深い洗脳を受けるんだよ。それはほんと恐ろしい。

だから、まずは今の言語空間を抜け出す必要があるんだ。自分で情報発信して、自分の言語空間を創るんだ。

そして、魅力的な世界観を創るんだ。

魅力的な世界観を創れば、あとは簡単だ。

あなたの世界観に共感する人が集まる「場」だ。それはリアルでもネットでもいい。それがあなたが「小さなゲリラ集団のリーダー」になるということなんだ。

オレの夢は「小さなゲリラ集団のリーダー」を日本に多く創ること。

好き勝手やるリーダーたちをたくさん創れば、もっともっと若者に希望を与えられるし、日本を変えることができるから。だから、多くの人に「小さなゲリラ集団」を創って欲しいんだ。

23 小さなゲリラ集団を創れ！

24 ゲーム攻略本が売れる国

先日、受講生からこんなメッセージをもらった。

「方法を教えてくれるんですよね？　楽しみにしています」

そんで思ったのが、答え探しをしちゃう人って結構多いってこと。

これって、本当に社会に出るとヤバいんだよね。

「答え探ししちゃう人」って、仕事できないから。だいたい高学歴の人に多かったりね。これもある意味、洗脳。日本の教育って、答え探しだから。

答え探しがうまいヤツ＝頭が良いって間違った価値観が、未だにはびこってる。

だから、学生のときは優秀だったけど、社会に出たら使い物にならない人は多い。

つまり、多くの人が、「どこかに答えがある」と思ってる。

そんなものないから。もう一度言おう。

ねぇから！

だから、「自分探し」とか、「天職探し」とか、しちゃうんだよ。答えなんか、どこにもないから。どこかに落ちてるわけでもないし、誰かが用意してくれてるわけじゃない。

思えばゲーム攻略本が100万部を超えたりする時代もあった。答えを見ながらゲームを解く。それでも、満足できてしまう。

これって、やっぱり「正解がどこかにある」っていう洗脳が強いってこと。だから、「稼ぐ方法教えてください」とか「ベストセラー出す方法教えてください」なんて、発言になってしまう。

これって、「テストの答えを教えてください」って言っているのと同じ。はっきり言おう。

人生に答えなんかない。

でも、やり方は無限にある。

これが真理だ。だから、もがくしかないんだよ。

ゲーム攻略本のような人生攻略本なんてないから。自分なりにもがいた結果、ある瞬間、見えてくるのが答えかもしれない。

でも、その答えは、最初に求めていたものと違う可能性が高い。だから、自力で攻略していくしかない。

そのもがきが、「生き様」になるんだよ。その「生き様」を見て、その「生き様」が魅力的だと、人やお金が引き寄せられてくる。それを、オレは「世界観」って言ってるんだよ。

「生き様」からにじみ出てくるメッセージやイメージ。それが「世界観」なんだ。

24 もがくから世界観が生まれる!

25

「引き寄せの法則」の意味

最近、思うことがあるが、今何が目につくかっていったら目に見える価値を追うバカが増えてるってこと。お金、地位、学歴、ブランド品とかね。

目に見える価値だよ。そういうものを追うバカが増えている。ていうか、昔からいるけど、未だにそういう連中がいるわけ。

結局、生きる意味や価値を見出せないから、目に見える価値を追うわけ。

いつも言ってるけど、日本においては「生きる意味」なんてないから仕方ないけど。だから、オレは、

やりたいことなくてもいい
やりたいことないのは当然だ

って言うわけだ。でもさ、オレたちは生きなきゃならない。

だから、何か価値あるもの、何らかの価値観を求める。じゃなきゃ、生きられないし、選択する基準もないわけ。

だから、みんな目に見える価値を追う。だから、みんな他人がつくった価値観で生きる。だから、みんな親や教師の価値観で生きる。

でも、もうやめないか。もうやめようよ。

他人のつくった価値観で生きるのは。他人のつくったレールに乗り続けるのは。

それって、結局は、あなたを取り替えの効く人間にするだけだよ。

目に見える価値や他人の価値観で生きるということは、あなたを取り替えの効く人間にするってことなんだよ。

だってそうだろ？

みんなと同じ世界を目指すってことなんだから。

そこは他人がつくった世界なんだから。他人の世界観で生きてるってことなんだから。そこで生きてる人間は皆同じなわけ。そこで生きてる人間は取り替えが効くわけ。そうやって生きている限り、自分の世界観なんてできない。

自分の世界観が創れないと、一生、自由自在な人生は手に入らない。

わかる？

自由な人生じゃないぜ。自由自在な人生だ。よく自由を手に入れようなんて言ってるヤツがいるが、日本は自由だぜ。そう、全員が自由だよ。

でも、人間は自由だけじゃ満足もしなけりゃ、楽しくもない。自由自在じゃなきゃ、生きてる感じはしない。生きてる感触は得られない。

じゃあ、どうすればいいのか。

しつこいけど、自分の世界観を創るしかないんだよ。

でも、「なんとなく」人生がうまくいっちまったヤツってのは、自分の世界観を創ることができない。なにせ、「なんとなく」生きてるんじゃなくて、「なんとなく」死んでるんだから。

結局、他人の価値観で生きるってことは、死んでるってことなんだから。だから、日本は自殺も多いし、心を病む人が多いんだよ。だから、オレはそんな日本を変えたいって思ってるわけ。

だから、オレは価値あるコンテンツや価値ある人を出版とかを通じて世の中に広めたいわけ。だから、オレはオレなりに戦ってるわけ。結局、世界観を創れって話になるんだけど、ほんとこれしかないんだよ。

そして、これが自由自在の人生を手に入れる最良の方法だって確信してる。だって、**世界観さえ創ってしまえば、好きなものが引き寄せられる**ってことが判明したから。

いい？

「オレがカステラばかり食べているとフェイスブックに書いたら、いろんな人からカステラをもらい、家がカステラだらけになった」

「オレがマルジェラの服がいいって書いたら、2人の人から服をもらった」

「オレが若い著者をどんどん出していきたいってフェイスブックに書いたら、25歳の和佐大輔さん、25歳の池田潤さんの本が出せたし、今も若い才能のある連中がオレの周りに集まってきている」

っていう具合に、情報発信をして世界観を創れば、好きなモノや好きな人が集まってくるんだ。好きなモノや好きな人が引き寄せられてくるんだ。

これって最高じゃないか。好きなモノや好きな人が引き寄せられてくれば、人生なんて自由自在だよ。だから、これからも一緒に世界観を創っていこうぜ。

25 世界観に引き寄せられる

26 太い線を描け！

巷には、「1日○分の作業だけで毎月□□万円の安定収入」とか、「コピペだけで月収△万円」とかいうネット教材がたくさん売られている。

実際、儲かるかどうか知らないが、ほんとにこんなの欲しい人がいるんだろうか。

もし、あなたが欲しいと思うなら、少し考えたほうがいい。もちろん、多くの場合、儲かる人はいないわけだが、仮に儲かるとしよう。でも、そこに成長はないよね。絶対に成長はない！

だって、コピペだぜ？ 仮に儲かったって、成長はないよ。

もし、こんなものに魅力を感じるなら、あなたの頭は宝くじが当たるのをひたすら待つバカと同じ思考だ。宝くじが当たって金が入っても成長はない。カンニングして点数取るのと同じだから。いつかばれるよ。でも、オレはあなたを責めない。日本の教育は「点数さえ取ればいい」という教育だからだ。

いつも言っているように、日本の教育は「早く答えを見つけた人が優秀」というもの。だから、みんなんでも答えが用意されていると思ってる。

何度も言うけど、人生やビジネスには答えなんかないのに。答えは自分で創るものなのに。

でも、「答え探しの教育」を受けてるから、どこかに「楽に稼ぐ方法」という答えがあると思ってしまう。だから、「楽して儲かる」系のものに引っかかるわけ。

もちろん、楽して儲かるものはあるかもしれない。でも、それはどこかに答えとして用意されているものではなくて、自分で創る場合しかあり得ない。

だから、スキルなんて学ぶことないんだよね。そう、みんなコピーライティングとかフェイスブック活用法とかって、スキルばかり学ぼうとする。

つまり、点だよ。コピーライティング、SNS、本の書き方とかいろいろ学んだって、それは点にすぎない。点と点を結んだって、所詮、細い線。

わかる?

結ぶだけじゃ、何の意味もないってこと。今の時代に問われてるのは、「生き様」なんだよ。

つまり、線なわけ。

わかる?

はっきり言って点(スキル)なんてどうでもいい。ぶっとい線を描くんだよ!

つまり、それは熱い「生き様」ってこと。それさえあれば、人生なんて何だってやれる。ぶっとい線だ!

じゃあ、どうすれば熱くなれるか。

それは、**自分で自分の好きなように人生を創る**ってこと。そうすれば、一気に何もかもがうまくいく。

それをオレはプロデュース力だと思ってる。オレが関わった人たちは、オレと関わったあと次々と出版が決まり、ビジネスも、人生もうまくいく人が多い。

オレが一緒にやっている著者たちは、みんな息長く活躍している。

わかる?

だから、オレが人をプロデュースする場合は、線を創らせるか、すでに線を確立した人とやるわけ。線がなきゃ、何にもならないから。

でも、巷の出版プロデューサーたちは「本を出せば成功できる」というインチキばかり言うわけ。だから、まったく売れない本ばかりだぜ。そいつらの関わったものは。当然、著者生命も絶たれるわけだ。

まあ、何が言いたいかっていうと、結局、線が描けるプロデューサーが重要だってことだ。ビートルズだって、ジョージ・マーティンっていうプロデューサー一人だぜ。

一流のミュージシャンは、だいたい一人のプロデューサーと何作かやって黄金期を創るんだ。もちろん、リブランディングが必要だったら、プロデューサーを代えて、また一緒に黄金期を創る。

毎回、違うプロデューサーを使うようなのは二流なわけだ。

つまりは、あまりいろんなものから学ぶなってこと。あまりいろんな人から学ぶなってこと。点の勉強をいろんなヤツからやってるバカが多すぎだって、ほんと思う。きちんと線を描ける人に習わなきゃいけないのにね。

結局は、「自分で自分の人生をプロデュースするしかないから」なんだよ。もう一度言うよ。

自分で自分の人生をプロデュースするしかない。

だから、線を描ける人、プロデュース力がある人からの学びが重要。

「点じゃなくて、線を意識して生きろ」っていうことだ。

26 「プロデュース力」を身につけろ!

27 イカサマを覚えろ！

実は、「信用らしきもの」は金で安く買えるようになった。

「お客様の声」

「権威のある人の推薦文」

「芸能人、有名人」

なんかかな。

これらをすぐに信じてしまう情報弱者どももいる。お客様の声だって、写真付き、本名付き、職業付きで売ってるんだよ。つまり、イカサマ。

広告代理店に「一流企業に勤めてて、会社名出せて、顔と本名出せる人いる？」って聞けば、すぐにデータが送られてくるわけ。

英語の教材なんかは、いろんな教材で同じ顔がいたりする。さらに、大学教授なんかもそうだけど、簡単に推薦を買える。ほんとだぜ。芸能人、有名人の類《たぐ》いは、金をもらって顔出す人だから。それが彼らの仕事だから。

でも、意外と芸能人とか有名人を呼べるってだけで、信用してしまうバカがいる。金さえ出せば、簡単に芸能人なんか呼べるから。

そもそも、オレもそうだけど、芸能人となんか写真に写りたくないもん。オレの知ってる一流の人はみんなそう。だから、イカサマは知っておいたほうがいいってわけだ。

オレの人生を変えてくれた本『麻雀放浪記』の最後にはプロとプロとの戦いがある。イカサマの応酬《おうしゅう》。それぞれが超一流のイカサマができる同士だと、最終的にはイカサマはできなくなり、「地力」勝負になってくる。

だからオレたちは、「情報発信という武器を手に入れた一方で、プロのイカサマ師たちがいる世界に引きずり込まれた」わけだ。

これは一見、普通の人にとっては不利に思えるかもしれない。でも、これは圧倒的にチャンスなんだ。もはや、ごまかしが効かない時代に突入したということだから。

イカサマ師たちのイカサマもだんだん通用しなくなっていく。っていうか、オレたちで通用しないようにしていこうぜ。

オレは情報弱者を食い物にするクソ出版社、クソセミナー屋、クソネット起業家が好きじゃない。もちろん、騙される側が100%悪い。

騙される側が100%悪いけど、イカサマの手口を誰も教えないってのも問題だって勝手に思ってるから、オレが勝手に教えていく。

いつまでも騙されるんじゃないぞ。せっかく、「地力」勝負の時代に入ったんだから、「地力」を感じられる人になれ。

そのためには、「地力」がある人に会え。何が「地力」かがわかるはずだ。「地力」を辞書でひくと、本来もっている力みたいな感じとある。たしかにそうだ。

でも、オレは、**価値を生む力**だと思っている。

何もないものから価値を生む力、答えを自分で創り出す力、世界観をプロデュースする力だと思っている。

そして、価値を生む力は、お金を稼ぐ力でもある。そう、価値を生んだ対価として、お金を得ることができるから。

27

「地力」を感じられる人になれ

28

ソウテイガイ
ソウテイナイ

多くの人が毎日を「想定内」で生きている。だから、オレは情報発信を通じて、「想定外」な行動をさせたいわけ。繰り返すけど、多くの人が毎日、「想定内」で生きようと努力しているわけ。これって、ヤバいよ。

「想定内で生きようとしているくせに、人生変えたいって思ってる」

完全に矛盾だよ。

わかる？

逆でもいいよ。

「人生変えたいって思ってるくせに、想定内を望んでる」ってわけ。

はっきり言って、「想定内」で生きている限り、人生なんて変わらない。じゃあ、なんで「想定内」で生きようとするのか？

簡単だよ。「想定内」が快適だから。そりゃそうだよ。全部「想定内」なら安全だろ。脳は安全を求めるよ。脳は「想定外」は痛みを伴うって考える。

当然、脳は安全を求めるから、痛みをさける。そこで抜群のクリエイティビティを発揮して、「それをやると失敗する」「それにお金を使うと損をする」みたいに「痛みを予想する」わけだ。

そうすると、あなたは行動できなくなる。これでは脳の思うつぼ。脳はこれで安心をゲットする。でも、人生は変わらない。

こうやって、脳はあなたを「想定内」に追い込んでいく。そして、いつの間にか、「想定内」の行動しかとれなくなる。これは本当に怖いことだ。

何が怖いって？

今までの人生の維持どころではなく、どんどん「想定内」に追い込まれていくわけだから、どんどん縮こまっていってしまう。つまり、あなたのマインドはどんどん小さくなっていく。

どんづまりの人生だ。閉塞感《へいそくかん》だけを感じて、日々、がんじがらめになっていく。ヤバいよね。あと、考えて欲しいのは、ここは日本だっていうこと。

「想定外」なことやっても、リスクなんかないんだ。心理的な痛みはあるよ。そりゃそうだ。でも、実際の痛みなんかない。何やったって、生きていけるのが日本だからね。

じゃあ、どうするか？

通常の自己啓発だと、自分で行動しろって話になる。でも、オレはそんなことは求めない。そんなのよほど強靭な精神力を持った人以外は無理。オレが心がけているのは、普通の人のための方法。オレはそれができる自信があるから。

じゃあどうするか。

「想定外」に連れて行ってくれるような人と一緒にいるようにしろ。

「想定外」に連れて行ってもらえ！

そしてそんな人は、あなたの身近にはいない。

普通の人が探すなら、ネットしかないだろう！

「ヒーローを見つけろ」ってことだ。「想定外」に連れて行ってくれるヒーローだ。

そのヒーローについていけばいい！

まずは、ひたすらついていけ！

もしヒーローがいないなら、オレがなってやる。

オレが「想定外」に連れて行ってやる！

28

「想定外」に連れて行ってもらえ！

29

「理不尽」から チャンスが 生まれる

よく、

「チャンスをつかむ人、チャンスをつかまない人の違い」

みたいな議論がある。

オレが思うにチャンスなんて至る所に転がってるし、いくらでもある。でも、それをつかめる人がいる一方で、つかめない人がいる。

さらに、チャンスをつかめる人はどんどんつかんでいき、つかめない人はどんどん置いていかれる。だから、世の中は、二極化が進むと言ってもいいだろう。

オレの周りには年収1億円以上がごろごろいるけど、全国の統計をとれば0・018%らしい。だから、重要なのはチャンスをつかめるかどうかなわけだ。能力じゃなくね。

大事だからもう一度言う。

能力じゃないから。

でも、多くの人は能力がすべてだと思ってしまう。だから、みんなやたら勉強が好きだ。資格が好きだ。書店でも勉強本はよく売れるし、資格ビジネスも儲かる。でも、こういうのに引っかかる連中はチャンスをつかむことはできない。

じゃあ、どういうヤツがチャンスをつかむのか。

簡単に言えば、「理不尽」を受け入れることができる人だ。だって、最初は誰もがチャンスに気づけない。

わかる？

目の前にあるチャンスに気づけないから、チャンスをつかめないんだよ。だから、最初はみんなチャンスに気づけない。まずはチャンスを教えてもらわないといけないわけよ。

そのときに重要なのが、「理不尽」を受け入れることなんだ。これもよく言うんだけど、

人生は上の次元の人に引っ張り上げてもらうことでしか上のステージに行くことはできない。

だから、ここで重要なのが「理不尽」なんだよ。一見、何のメリットもないようなことを一生懸命やっていると、上の人に気に入られていくようになるんだよ。

たとえば、

「勧められた酒は飲む」

「無茶振りをすべて受け入れる」

ってことをやること。つまり、
すべてのオファーにイエス！

というのが成功者の鉄則だ。

にもかかわらず、「自分は酒はあまり飲めません」とか「それはちょっと」とかって言うヤツが意外と多い。

でも、オレの周りの成功者たちは、

「すべてのオファーにイエス！」

を実践してきた人ばかり。そうやっていると、チャンスに気づかせてくれるんだよ。もちろん、「これはチャンスだよ」とかって教えてもらえるわけじゃないけど、特別な所に呼ばれたり、何かを依頼されたりするようになるんだ。

そして、もう一つ大事なのが、

速攻、返信する

ってこと。これも鉄則だし、成功者はみんなそう。

たとえば、オレの知ってる人たちは、人を紹介するとき、その場で電話する。

これって重要。でも、チャンスを逃す人ってのは、

「今度やる」

って姿勢の人が多い。これじゃあ、チャンスはつかめない。

なにせ、

チャンスは一瞬

だからね。

だから、もたもたしていると、どんどん差がついていくんだよ。オレは食うのも早いし、せっかちだ。でも、それでいいって思ってる。ていうか、そのおかげで今があると思ってる。

だって、オレみたいに能力のない人間ができるとしたら、スピードしかないからら。

「理不尽」を受け入れる、「レスポンス」を早くする、ってことを実践するだけで、チャンスの数は数百倍にもなるはずだ。

29 すべてのオファーに即イエスを！

30 ウンコ味のカレー屋

ウンコ味のカレー屋がある。結構、客が入ってるらしい。ほんとくだらないよね。オレは好きだけど。

で、何が言いたいかっていうと、

日本は平和だなあ

日本は豊かだなあ

ってこと。

完全にSFの世界な感じがするんだよ。

だって、これって、

「一食くらいどうでもいい」

って話でしょ。

これって、ほんとすごいことなんだよ。異常事態なんだよ。

豊かすぎてヤル気が出ない。ありすぎて何もない。

オレたちはそんくらい豊かな社会で生きてるんだよ。だから、オレはいつも言ってる。

「やりたいことないのは当たり前」
ってね。
だって、適当に生きていけるんだから。ヤル気なんて出るわけないじゃん。
だから、
スピリチュアル系
健康系
のビジネスが流行るってオレは言ってるわけ。
だって、暇じゃん。
そのくせ、どいつもこいつも、
「幸せになりたい」
「自由になりたい」
と言う。もう日本に生まれただけで、
幸せだし、
自由だし、

って話なんだけど。ほんとだぜ。

だから、みんな、

「幸せになりたい」

「自由になりたい」

って言ってるだけで行動が伴わない。そんなのは当たり前なんだよ。もう手に入ってるんだから。

結局、オレたちは、
豊かすぎてやることない
わけよ。まずは、この現実を受け入れるしかない。

でも、それじゃあ、飽きちゃうでしょ。死ぬ勇気もないし。

だったら、面白い人生が良くない？

だとすると、時間と環境をどうにかしなくちゃいけない。だって、

人生＝時間

人生＝環境

だと思うから。

だから、これを面白くする必要があるわけだ。

人生＝時間という観点で見れば、

〝今〟という時間しかコントロールできない。
だから〝今〟を楽しむしかない

ってことになり、

人生＝環境という観点で見れば、

誰といるか、どこにいるか

しかない。

このへんに注力して生きると結構楽しいよ。自分の能力を高めることよりもやるべきなのは、この二つなんだよ。

30 時間と環境に気をつかえ！

31 満たされるな！

よく、

「満たされたい」

なんてナメたことを言うヤツがいる。でも、これって何か勘違いしてんだよ。

そりゃあ、オレたちは生物だから、「満たされたい」って感情はあるだろう。でもそれって、今の時代に必要かって思うんだ。

だって、オレたちの生きている日本社会は完全に満たされてるぜ。だから、むしろ、

「満たされるな！」

っていうほうが重要なんだよ。

なぜって？

だって、満たされないほうが行動できるからだ。人生は、行動できればすべて結果は出る、と。率直に言って、

成功者は行動してるだけ

だからね。

でも、なぜか世の中は「満たされたい」と言うヤツが多い。

ボディビルをやってる人って性欲がなくなる、ということを聞いたことがある。筋肉をつけるために動物性タンパク質をとってカラダを鍛える。そうすると、脳は「強い」と認識するから、子孫を残そうと思わなくなる。人間ってのは弱ってくるから子孫を残そうとするものらしい。

この理屈はわかるでしょ？

なんだってそうだけど、追いこまれないとヤル気なんて出ないよ。だって、正直、日本に生まれただけで満たされてるんだから。

ってことは重要なのは、

「どうやったら満たされないか」

ということにフォーカスすることなんだ。このことは誰も教えてくれない。

オレがずっと言ってるのは、

自分を知ること
環境を知ること
戦略を知ること

だから、次のように考えるわけだ。

自分＝満たされたら行動できない
環境＝生まれたときから満たされている
戦略＝満たされない環境をつくる

これだけ。こうやって人生はシンプルに考えるんだよ。人生は、自分、環境、戦略を知ることによってしか始まらないから。

だから、満たされちゃいけないんだよ。行動できなくなるわけだから。

じゃあ、どうすればいいのかってことになるけど、オレが思うのは、**飢餓状態**

をつくるってことを意識するしかない。それは、ハングリーでいられるかってことになるわけだけど、オレたち人間はある意味、どんな状況でも満足できるし、どんな状況でもハングリーになれると思う。だったら、そういう環境に身を置くしかない。

オレの場合だったら、**ひたすら自分が惨めな環境に身を置く**ようにしている。

「自分が惨めな環境」とは、自分の周りがすごい人たちばかりという状況のこと。幸い、オレの場合は職業柄、多くのすごい人たちに出会える。ベストセラー作家だったり、上場しているような会社の経営者だったりという人たちと会う機会が多い。

そのときにいつも感じるのは、

「ほんと、自分はまだまだだな」

って思いだ。

ほかにも、**なるべく高級な地域やマンションに住むようにしたり。**実際、家賃100万円以上の部屋に住んでみたり、ハワイの高級住宅街に家を買ったりもしている。

そういうところにいると、ちっぽけな自分を感じて、

「もっとやらなきゃ」

って思えてくるから。

もう一つのオススメは**借金をする**ことだな。否応なしに、行動せざるをえなくなるから。

ここに挙げた三つのやり方はあくまでもオレの場合だ。あなたはあなたなりの「ハングリーな環境」をつくってみてはどうだろうか。

31 自分、環境、戦略を知ろう!

32

プロの応援者になれ!

オレも本を出したり、セミナーを開催したりしてるけど、いつも思うのは、「前に出たくないな」ってこと。だから、将来的には必ず消えるつもり。発信はするかもだけど、人前には出たくないね。だって、オレが生き甲斐を感じるとすれば、すごいヤツの活動を応援すること
だから。

オレ自身、たまたま出版社に拾われて、編集者になった。そしたら、編集者って「著者を勝たせる」のが仕事だったわけ。そしたら、10年間で1000万部以上も本を売ることができて、独立した今も偉そうにプロデューサーを名乗ってる。

オレが見つけたすごいヤツを世の中に広めていく。当然、すごいヤツにお金がいくようにもする。だって、活動資金は必要だからね。だから、オレは徹底的にビジネスもするわけ。

そのおかげもあって、今では企業のマーケティングやブランディングを手伝ったりもしているわけだ。ほんと不思議だ。

「人を勝たせる」

ってことをやってきただけなのに、いろんな仕事をさせてもらえる。

でも、オレはこの生き方が好きだし、オレみたいな凡人には合ってると思う。

正直、オレたちみたいな、
凡人には夢もない
というのが現実なんだよ。もっと言えば、
凡人は社会に役立たない
んだよ。残酷だけど仕方ないよね。
でも、オレは、
「自分ができないなら、できる人の応援をしよう」
って決めたんだよ。
そしたら、自分の中で何かが着火したんだ。
残念だけど、脚光を浴びる人は決まってるし、凡人が脚光を浴びることはない。

だから、オレは、

プロの応援者になろう

って言いたい。

世の中を良くしてくれる人の活動をサポートするのが、凡人の役割なんじゃないかな。そう覚悟を決めると力を発揮できるようになるわけよ。

いい？

人は役割を与えられると力を発揮する。ってことは、凡人は応援者になるしかないわけよ。だって、一部の才能がある人以外はそう生きるしかないから。

でも間違っちゃいけないのは、あくまで、

自分の人生の主役は自分

ってこと。だから、プロの応援者として生きればいい。世の中の主役は才能ある人だけど、自分の人生の主役は自分。といっても、フォロワーになれって言ってるわけじゃない。主役にとって必要な存在になれってことなんだ。

「人を勝たせること」を徹底的に学ぶ。そうすると、気づいたら勝つ側に回っていることになるから。

わかる?

人を勝たせる人が最後勝つんだよ。オレなんて独立して最初にやった定価3万円のセミナーに500人以上も来たんだぜ。単なるオッサンのセミナーに。

でも、それって、オレが担当した人たちが応援してくれたからなんだ。結局、人を勝たせてたら、自分が勝ってたってことなんだ。

だから、まずは人を勝たせることにフォーカスしよう。

32 全力で他人を応援しろ!

33
生きる意味、生まれてきた意味はナシ！

「運命がどうの」「使命がどうの」っていう言葉を聞くことが多い。

これって、結局、暇なんだよね。だって、普通に考えて、生きるのに必死だったら関係ない話。

日本でもスピリチュアルが全盛だったりするけど、これって完全に、

ヒマなんだよ

ってこと。それ意外ない。

だからなのか、多くの人が、

「生きる意味」

みたいなのを探し出す始末。はっきり言おう、

生きる意味なんてない

って。だって、ほかの生物を見てみろよ。全然、意味なんてないでしょ。もし、人間にだけ生きる意味があるとしたら、おかしいから。

だから、生きる意味なんて考えても仕方ない。もし、意味があるとしたら、子孫を残すことぐらいか。

そう、今すぐ生きる意味なんて考えるのはやめましょう。運命も使命も天命もないから。ただ単に生まれてきたってだけ。ただ単に生きてるってだけ。

でも、それでいいじゃん。しかも、日本に生まれてきたんだぜ。これって、宝くじに当たったに等しいよ。

だってそうでしょ？

世界には戦争やってる国、飢餓に苦しむ国、教育すら受けられない国……ってのが多く存在するんだ。その中で、これだけ人に優しい国はないよ。ビジネスだってしやすいし。どんなに税金高くたって、オレは日本でビジネスやりたいって思ってるよ。

それくらい日本に生まれたってのはラッキーだ。

だから、オレは生きる意味なんて考えてる暇あったら、楽しいことやりなよって思う。でも、暇だからこそ、生きる意味を考えてしまう。ほんと面白いよね。

でも、もうもったいないことするのはやめよう。

これと同じで、過去のことを引きずったり、未来の不安におびえたりしている人が多すぎる。これも暇だから。ほんともったいない。

過去なんてどうにもならないし、所詮、単なる情報。実際、本当にそうだったかどうかだって疑わしい。人の記憶なんて曖昧《あいまい》ってのは有名な話。

未来の不安なんてなおさら。老後の不安とかって意味不明。だって、その前に死ぬかもしれないでしょ。そもそも、不安はほぼ幻想。

全部、脳の仕業《しわざ》なわけだ。だって、日本は現実が安全すぎて、脳の能力を発揮する場所がない。本来であれば、危険の察知や食料の確保のために使うはずの脳だけど、もはやまったく必要ない。だから、脳は不安をつくり出す。その結果、オレたちは過去の出来事、未来の不安に囚われていく。

ほんともったいない。

そんなことよりやるべきなのは、今に集中することなんだ。だって、時間は有限なんだぜ。オレたちの可能性は無限なんだぜ。

だったら、

今に集中しようよ。
今、目の前にいる人に集中しようよ。
それだけで人生変わるから。それだけで人間関係変わるから。
多くの人が、今この瞬間に生きてないからエネルギーがないんだよ。だから、
運もお金も人も引き寄せないんだよ。
ほんともったいない。
今に生きればいいだけ。余計なこと考えないで。
ただ、それだけで人生は変わる。

33 人生は今しかない

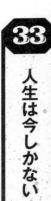

あとがき

ここまで読んでくれて、ありがとう。
あなたは何を感じただろうか？
あなたの価値観を壊すことはできただろうか？
オレが、

「過去の価値観をぶっ壊せ！」

と言っても、多くの人は余計なお世話だと思うだろう。でも、オレはこのことはとても重要だと考えている。

よく言われることだけど、

「過去の成功体験に囚われて新しいことができない」

という人が世の中には多い。一度、成功した人ですら、過去の体験から脱出することが難しい。

昔、有名な経営者から聞いた話で、

「過去の成功体験に囚われる人はダメだし、過去の成功体験を壊せるだけでもダメ。**自分でつくった成功体験を壊し続ける人だけが成功する**」

を忘れない。でも、本当にそう思うし、とくにこれからの時代はその傾向が強くなるはずだ。

資本主義がどんどん進化し、コンピュータ、ネット、ロボット、クリーンエネルギー、3Dプリンタなどが発達していく中で、生産性が向上し、限界費用ゼロの時代に突入しようとしている。

これは簡単に言えば、コストゼロでモノがつくれるようになり、それゆえに雇用もなくなっていくということになる。

まさに、人類が労働から解放されるというパラダイムシフトが起こるわけだ。そうなったら、世の中は大きく変わっていく。

つまり、

今までの価値観では生きていけない

ということを意味する。だから、今のうちから、自己破壊を常に続けていけるような体質をつくり続けるべきだ。

オレ自身は、

あなたの自己破壊を助けるコンテンツ

を今後も発信していくつもりだ。

よかったら、オレの公式サイト（http://kentanagakura.com/）にアクセスしてくれ。

無料メルマガをはじめ、ユーチューブチャンネルのリンク、イベント情報なんかもある。

そこで、また会える日を楽しみにしている。

人生は出会いでしか変わらないから。

2016年正月　サンフランシスコにて　　長倉顕太

知恵の森
KOBUNSHA

親《おや》は100%間違《まちが》っている

あなたの価値観《かちかん》を破壊《はかい》する33のルール

著　者──長倉顕太（ながくら けんた）

2016年　2月20日　初版1刷発行
2020年　11月25日　　3刷発行

発行者──鈴木広和
組　版──萩原印刷
印刷所──萩原印刷
製本所──ナショナル製本
発行所──株式会社 光文社
東京都文京区音羽1-16-6 〒112-8011
電　話──編集部(03)5395-8282
書籍販売部(03)5395-8116
業務部(03)5395-8125
メール──chie@kobunsha.com

落丁本・乱丁本は業務部でお取替えいたします。
ISBN978-4-334-78690-8　Printed in Japan